Ingeborg Becker-Textor

Kreativität im Kindergarten

Anleitung zur kindgemäßen
Intelligenzförderung
im Kindergarten

Herder Freiburg · Basel · Wien

Einband- und Textfotos: Ingeborg Becker-Textor
Illustrationen: Ulrike Oeser

Herstellung: Freiburger Graphische Betriebe 1988
ISBN 3-451-21197-1

Inhalt

An Stelle eines Vorwortes ...

Der Titel des Buches hat Sie neugierig gemacht, und nun möchten Sie vielleicht wissen, was einen Autor zu einer solchen Thematik motivieren kann.

In den Jahren 1968–1980 arbeitete ich als Kindergartenleiterin in einer mittelgroßen deutschen Großstadt.

Begonnen habe ich meine Arbeit in einem „Einraumkindergarten", 50 m² Gruppenraum, 6 m² Teeküche – Abstellraum – Büro-Leiterinnenzimmer, 7 m² Kindergarderobe – Elternwarteraum, WC und Waschgelegenheit für Kinder.

65 bis 70 Kinder waren angemeldet. Fast alle besuchten den Kindergarten am Vor- und am Nachmittag.

Eine Kinderpflegerin stand mir zur Betreuung der 65 Kinder zur Seite (bei Krankheit keine Vertretung) und 4 Stunden pro Woche eine Putzhilfe. Schneeschippen, Gartenpflege, jeweils am 1. Samstag des Monats Kindergartenbetrieb – das alles mußte von unserem Kindergartenteam bewältigt werden.

Aber dem nicht genug, das vorhandene Spielmaterial war höchstens ausreichend für 25 Kinder. Einen Stuhl gab es für jedes Kind, bei der Raumenge aber nicht für alle einen Platz am Tisch.

Kümmerlich sah es mit dem vorhandenen Mal- und Bastelmaterial aus: 4 stumpfe Scheren, 5 Schachteln und Wachsmalkreiden von höchstens 2 cm Länge, etwas Zeitungsmakulatur zum Malen – weder Kleister noch sonstiger Klebstoff.

So sollte ich meine Arbeit beginnen? Bilderbücher gab es 3 an der Zahl, eine Kinderbibel (aus ihr wurde bis zu

Abb. 1 ... so viele Kinder in einer Gruppe!

meinem Dienstantritt den Kindern willkürlich vorgelesen – es war das einzige Buch!).

Ein Glück, daß ich absoluter Berufsanfänger war, die Konsequenzen noch nicht so abschätzen konnte, aber voller Elan und Zuversicht steckte. Verschiedene Praktika hatte ich durchlaufen und nach der Ausbildung zur Kindergärtnerin und Hortnerin noch 2 Semester an der Werkkunstschule studiert.

So begann ich – die ich vorher noch nie etwas von dem Begriff Kreativität gehört bzw. mich mit ihm auseinandergesetzt hatte – mit allerlei Einfallsreichtum meine Kinder und mich zu beschäftigen. „Not macht erfinderisch", dieses Sprichwort habe ich in dieser Situation erst so richtig begriffen.

Wie wenig kann so viel sein! Zur Vermehrung und Verbesserung der Grundausstattung des Kindergartens, z.B. zur Anschaffung von Scheren, Farben, Bilderbücher ... usw. fehlte das Geld. Die Eltern bezahlten 50 Pfennige Spielgeld pro Kind, pro Monat! Also beschlossen wir in der „Kinderkonferenz" (ich werde an späterer Stelle ausführlich auf diese Kindergesprächsrunde eingehen), daß wir ein Kinderliederbuch machen und dann verkaufen wollten. Kennen Sie Wachsmatrizen? Können Sie sich vorstellen, daß 3- bis 6jährige Kinder mit Stecknadelköpfen (die Nadel wurde in einen Flaschenkorken gepikst), kleinste und feinste Zeichnungen ritzten? Wie oft gab es Tränen, wenn das Wachspapier riß!

Kopieren wäre sicher einfacher gewesen, aber die Matrizen und die Abzüge konnten wir kostenfrei im Gemeindebüro holen bzw. anfertigen lassen.

Texte und Noten schrieb das „Team". Mit Musterklammern wurden die Liedblätter zwischen 2 bemalte Kartons geheftet. 1,50 DM war der Verkaufspreis pro Stück, die halbjährige Nachlieferung neuer Lieder kostete 50 Pfennige.

Mittlerweile reiften am großen Birnbaum im Garten die goldgelben Früchte. Vorsichtig wurden sie gepflückt und von den Kindern für 20 Pfennige das Stück verkauft.

Gartenbeete wurden angelegt. Der Verkauf von Pflänzchen, Radieschen und Blumen florierte trotz der etwas überhöhten Preise. Die Kinder entwickelten große Phantasie zu weiteren Aktivitäten und waren überhaupt ganz begeistert bei der Sache.

Buntpapier war für uns ein Luxus und fast nicht bezahlbar. So wurden farbige Schnipsel aus Katalogen gerissen und, nach Farben sortiert, in Schuhkartons gesammelt.

Überhaupt wurde fast nichts mehr weggeworfen! Eine Zahnpastaschachtel war ab sofort keine solche mehr, Klopapierrollen wurden beinahe zur Rarität. Was wir an einem Tag gemeinsam geschafft hatten, stellten wir am nächsten Tag im kleinen Regal im Flur aus.

Dieses Wunderwerk entstand aus wertlosem Material.

Abb. 2 Das Windmobil. Es entstand im Anschluß an eine Geschichte über ein wunderbares Traumfahrzeug. Nur vom Wind konnte es fortbewegt werden. Wer Gelegenheit hatte mitzufahren, der erlebte die wunderlichsten Dinge ... !

Abb. 3 Holzabfälle wurden vor dem Verbrennen gerettet und zu Holzmarionetten verarbeitet.

Viele Besucher wurden durch diese Basteleien angelockt, und unser Vorrat an Materialien vergrößerte sich. Täglich schleppten die Kinder Tüten voll wertlosem Material an. Besuche von Freunden, Nachbarn, Gemeindemitgliedern ... motivierten uns, eine kleine Ausstellung zu organisieren. Dies macht zwar viel Arbeit, aber auch großen Spaß, und zudem konnten wir damit ein Stück Öffentlichkeitsarbeit leisten. Zwei Jahre, dann hatte sich unsere Ausstattung zur Zufriedenheit aller erweitert, und von der Gemeinde wurde uns ein 2. Gruppenraum versprochen.

Warum habe ich dies alles für Sie aufgeschrieben? Wenn ich heute zur Beratung in Kindergärten komme, dann sind sie größtenteils überfüllt mit Spielmaterialien – und Kinder fragen: „Was soll ich denn machen?"

Junge, moderne Erzieher sagen mir, daß man unter den von mir beschriebenen Bedingungen nur hätte „aufbewahren" können. Und immer antworte ich mit einem entschiedenen NEIN!

Es ist sicherlich richtig, daß viel mehr im Kollektiv gearbeitet, gesungen ... werden mußte, aber wir haben mehr gesungen, mehr Kreisspiele gemacht, uns mehr bewegt, häufiger im Freien gespielt und gelernt, waren zu zahlreichen Spazier- und Erkundungsgängen unterwegs; Sinnesschulung hatte einen ganz bedeutsamen Stellenwert.

Daß nicht so stark auf die Probleme und Bedürfnisse des einzelnen Kindes eingegangen werden konnte, mag stimmen, jedoch gab es nicht so viele Kinder mit besonderen Bedürfnissen aus Problem-, Teil- oder Stieffamilien. Trotz der schwierigen Situation und lange vor der Diskussion um die integrative Förderung von behinderten und nichtbehinderten Kindern im Regelkindergarten wurden in unserer Einrichtung zwei behinderte Kinder erfolgreich betreut.

Was aber in den Tagesablauf gehörte, das war das sinnenhafte Wahrnehmen! Die Natur, Blätter, Käfer, Pflanzen, Früchte, das alles brachte den Kindern mehr Erfahrungen, Beobachtungen, Wortschatz und soziale Verhaltensweisen, als alle Vorschulprogramme der folgenden Jahre.

Manfred Hausmann hat diese andere Form des Lernens in seiner Geschichte „Über das Begreifen" beschrieben (die ganze Geschichte im Anhang, S. 139): „Darum also wollen Kinder immer alles anfassen, eben weil sie es ‚fassen' wollen!"

Kinder wollen und müssen alles „begreifen", das gehört zu den ihnen eigenen Lernmethoden. Leider haben wir Erwachsenen diese Art des Lernens schon beinahe verlernt. Wenn ich zurückdenke, dann muß ich feststellen, daß ich früher viel besser mit Kinderaugen sehen konnte, als ich es heute noch kann. Im Kapitel „Mit Kinderaugen sehen" wird darauf näher eingegangen werden.

In 12 Praxisjahren habe ich die „Bewahranstaltszeiten", die Welle der Vorschulmappen und ausschließlich kognitiven Förderung bis hin zur Wende zur antiautoritären und Laissez-Faire-Erziehung durchgemacht, dann gefolgt von schwerpunktmäßig musisch ausgerichteter Erziehung.

Keine dieser „pädagogischen Wellen“ habe ich mitgemacht, sondern bin meinem Grundsatz treu geblieben, daß Kreativitätserziehung in allen Bereichen der beste Weg zur Intelligenzförderung, die beste Vorbereitung auf die Schule und das Leben überhaupt sei. Doch darf unter Kreativitätserziehung nicht einseitig nur das Malen, Basteln usw. verstanden werden, das wäre falsch.

Haben Sie jetzt Lust, mich auf meinem Weg zu begleiten? Dann wandern Sie mit durch die Seiten des Buches. Blättern Sie ruhig auch hin und wieder einige Seiten zurück. Manches wird Ihnen altbekannt vorkommen, manches neu. Probieren Sie es einfach aus.

Jedes Experiment fällt zu einem anderen Zeitpunkt anders aus, denn wir bleiben glücklicherweise bis in das hohe Alter wachsende und lernende Personen.

Es gibt viele Dinge, von denen wir glauben, daß wir sie kennen, schon viele Male genau betrachtet haben usw. Aber kennen wir sie wirklich? Sind wir nicht doch vielleicht zu sehr an der Oberfläche geblieben?

Das Kapitel „Stein und Lupe“ versucht, Ihnen das Sehen neu zu lehren.

Und jetzt wandern wir los. Zuerst geht es durch den „Begriffswald“. Das ist notwendig, um den theoretischen Hintergrund der Sachverhalte zu erfahren.

Dann folgen Praxisbeispiele, die Sie zum Nachahmen anregen mögen und bereits gewonnene eigene Erfahrungen und Erlebnisse wieder lebendig werden lassen.

1 Die Begriffe Kreativität und Intelligenz

1.1 Versuch der Definition des Begriffes Kreativität

Es gibt unzählige Versuche der Definition des Begriffes Kreativität, doch entbehren alle einer endgültigen, umfassenden Erklärung. Immer wieder werden Merkmale der Kreativität bzw. der kreativen Persönlichkeit sowie kreative Verhaltensweisen und Arbeitsformen angesprochen.

> Was heißt Kreativität nun ganz allgemein?
>
> Man versteht darunter die Fähigkeit, für den Menschen selbst oder die anderen neue Denkinhalte zu produzieren, objektiv und subjektiv.

Lassen Sie mich eine Anzahl von Definitionen aneinanderreihen und so die Vielfalt des Begriffes verdeutlichen.

„Der Begriff Kreativität hat noch keine übereinstimmende definitorische Klärung gefunden. Er dient als Bezeichnung für ein außerhalb der gewöhnlichen Bahnen liegendes Erkennen von Problemen und das Auffinden neuer und origineller Lösungen. Kreatives Verhalten bei Kindern wird angemessener nach psychologischen Kriterien – neu für das Individuum – als nach soziologischen Kriterien – neu für die Gesellschaft – beurteilt." (Herder, Lexikon der Pädagogik)

Oder:

„Kreativität erstreckt sich von produktiven originellen Leistungen beim Lösen von Problemen bis zur künstlerischen Produktion und darf weitgehend als produktives Denken verstanden werden, das sich auf den verschiedensten Gebieten des menschlichen Ausdrucks äußern kann." (Kleines Lexikon der Pädagogik u. Didaktik)

Oder:

„Wir verstehen unter Kreativität jene Fähigkeiten, Kräfte und Begabungen, die wir mit komplexen und teilweise wenig exakten Begriffen wie Intuitionen, Imagination, Inspiration, Einfallsreichtum, Erfindungsgabe, Originalität oder als produktives Denken, Problemlösen und schöpferische Phantasie zu fassen suchen." (Heinelt 1971)

Oder:

„Kreativität ist die Fähigkeit, neue Zusammenhänge aufzuzeigen, bestehende Normen sinnvoll zu verändern und damit zur allgemeinen Problemlösung in der gesellschaftlichen Realität beizutragen." (Wollschläger 1971)

Oder:

Gisela Ulmann schlägt vor, den Begriff Kreativität als einen Arbeitsbegriff zu setzen, der viele bestehende Begriffe vereint und durch die experimentelle Forschung immer wieder einen Sinn erhält.

Oder:

In Anlehnung an Wallach und Kogan läßt sich Kreativität verstehen als Fähigkeit, kognitive Elemente zu erzeugen, sie miteinander zu verbinden und voneinander zu lösen. Die im Vorbewußtsein gespeicherten und bewußt verarbeiteten Informationsdaten werden neu kombiniert und sortiert, wobei der Innovationswert eine große Rolle spielt. (in Ulmann 1973)

Oder:

Immer wieder besteht die Gefahr, daß man Kreativität rein auf den musischen und gestalterischen Bereich einschränkt, was somit häufig zu Fehlinterpretationen führt. Der Psychoanalytiker Günter Ammon geht davon aus, daß Kreativität mit Neugierde zu tun hat. Neugierde fordert heraus zum Herangehen an eine Sache oder ein Problem, führt zum Ausprobieren und letztlich zum Gestalten. Kreativität wird also auch hier in Verbindung mit produktivem Tun gebracht. Ammon bezeichnete Kinder in der Kleinkindheit als die kreativsten Menschen.

Immer wieder wird an der Kreativität das subjektiv Neue hervorgehoben. So läßt sich eigentlich jede Neuentdekkung des Kindes als kreativer Akt bezeichnen. Jedes Kind verfügt also über ein bestimmtes Maß an kreativen Fertigkeiten und Fähigkeiten. Wie sich dieses Kreativitätspotential entwickelt, ist abhängig von den Umweltfaktoren, die das Kind beeinflussen.

Noch weitere Definitionen ließen sich aufzählen, bleiben jedoch immer irgendwo verschwommen und lückenhaft. So wurden von mir auch verschiedene Personen zum Begriff Kreativität befragt: Was ist das, Kreativität? „Wenn jemand außergewöhnliche Ideen hat; ich stelle mir darunter bestimmte Aktionen vor; kreativ ist jemand, wenn er aufgeschlossen ist, wenn er nachahmt(?), und sich nicht entmutigen läßt ..."

Auch diese Auskünfte sind keineswegs befriedigend. Sie geben nur Aufschluß darüber, wie ungenau und unsicher man in der Auffassung und der Interpretation dieses Begriffes ist.

In der Fortbildungsarbeit mit Erziehern und Sozialpädagogen fällt auf, daß sie sich als nicht kreativ und ohne besondere Ideen beschreiben. Dies rührt nicht zuletzt von der Auffassung her, daß Kreativität mit künstlerischen Fähigkeiten gleichzustellen sei. Dies führt dann zu Unterschätzung der persönlichen Fähigkeiten und damit auch zu mangelndem Selbstbewußtsein.

> So stelle ich die Behauptung auf:
> Jeder Mensch ist kreativ. Jeder Mensch muß lernen, seine Sinne wieder differenzierter einzusetzen.

1.2 Versuch der Definition des Begriffes Intelligenz

Im allgemeinen versteht man unter Intelligenz die Fähigkeit, unter bestimmten Bedingungen bzw. Voraussetzungen bestimmte Leistungen zu erbringen. Ein Intelligenzmaß, der Intelligenzquotient, gibt das vorhandene Potential an Intelligenz an (als Durchschnittswert wird ein IQ von 100 angesetzt).

> „Intelligenz wird nicht übereinstimmend definiert. Gemeint ist ungefähr das, was die geistesgeschichtliche Tradition unter Intellekt, Ratio etc. zu erfassen suchte. Am bekanntesten

sind die Definitionen von Stern, Terman und Wechsler, die sich im Zusammenhang mit der Messung der allgemeinen Intelligenz herausgebildet haben. Eine solche Definition modernisierter Form lautet:

Intelligenz ist die Fähigkeit, anschaulich oder abstrakt in sprachlichen und raum-zeitlichen Beziehungen vieler komplexer und mit Hilfe jeweils besonderer Fähigkeitsgruppen auch spezifischer Situationen und Aufgaben zu denken.

Danach ist Intelligenz eine gradweise stufbare, komplexe, aber differenzierbare Eigenschaft der Individuen". (Das neue Lexikon der Pädagogik, Herder 1972)

Nach D. S. Halacy hat das Gedächtnis einen hohen Rang als Bestandteil der Intelligenz. Es ist als Vorratsspeicher zu verstehen, in dem Informationen „gelagert" werden können.

Hohe intellektuelle Leistungen sind abhängig von den früher erworbenen Informationen, also abhängig vom Lernen. Diese „Vorräte" können dann bei Bedarf aus dem Gedächtnis „abgerufen" werden.

Wenden wir diese letzte Definition auf die Lernsituation im Kindergarten an, so bedeutet dies, daß wir dem Kind ein möglichst breites und vielfältiges Lernfeld eröffnen und viele Lernerfahrungen auf dem Interessenhintergrund der Kinder vermitteln müssen. Die Lernbereitschaft ist viel größer, wenn ein Interesse gegeben ist.

Versuchen Sie sich kurz an Ihre Kindergarten- oder Grundschulzeit zurückzuerinnern. Worauf können Sie sich noch besinnen? Bei genauer Überlegung sind es die für Sie besonders interessanten und erlebnisreichen Sachverhalte, Begegnungen und Eindrücke.

Reduzieren wir also den „Stoff", der für das Kindergartenalter in Frage kommt, auf das, was in Vorschulmappen und Lernprogrammen Platz hat, so ermöglichen wir den Kindern nur ein Lernen in einem sehr begrenzten Feld.

2 Erscheinungsformen von Kreativität und Intelligenz

2.1 Kennzeichnende Erscheinungsformen für Kreativität bzw. einer kreativen Persönlichkeit

Kreatives Denken wird im wesentlichen auch als divergentes Denken charakterisiert. Menschen, die fähig sind, divergent zu denken, können Ausschnitte aus ihrer Umgebung assoziativ aufnehmen, auch wenn sie in der eigenen Lerngeschichte kaum gekoppelt waren.

„Bei den meisten Menschen sind Reaktionen mit Reizen verbunden, die in der Lerngeschichte des Individuums häufig gemeinsam auftraten." (Zeitschrift des BLLV, Heft 4/5 1973)

Kreativität ermöglicht die Koppelung dieser Reize und eröffnet dem Individuum dadurch neue Lernfelder und Erfahrungsbereiche.

Die Erscheinungsformen der Kreativität werden je nach Alter der Menschen und je nach den Umweltgegebenheiten verschieden sein. Einige Merkmale sind immer wieder erkennbar und sollen deshalb näher beschrieben werden.

Problemsensitivität

Unter Problemsensitivität versteht man die Fähigkeit, Probleme zu erkennen, gefühlsmäßig zu erfassen und Verständnis für die Situation zu entwickeln. Kreative Menschen sind also sehr einfühlsam und aufnahmebereit gegenüber Problemsituationen. Sie versuchen, Möglichkeiten zur Problemlösung zu finden, bieten Hilfen und Alternativen an, wählen häufig ganz ungewöhnliche Lösungswege aus.

Flexibilität

Unter dem Begriff Flexibilität versteht man Wendigkeit. Ein kreativer Mensch hat also die Fähigkeit, sich spontan auf neue Situationen einzustellen, ohne noch lange am Althergebrachten zu haften. Er zeigt sich stets flexibel, aufgeschlossen, interessiert und offen, experimentiert gerne und liebt die Abwechslung. Auch bereitet es ihm keine großen Schwierigkeiten, Ordnungsschemata zu wechseln.

Generell können zwei Flexibilitätsfaktoren unterschieden werden:

„Die *spontane* Flexibilität ist die Fähigkeit zur Umstrukturierung, zur Findung von Neuem; die *adaptive* Flexibilität oder auch Originalität wird in Situationen wirksam, in denen bestimmte Anweisungen zu befolgen sind". (Zeitschrift des BLLV, Heft 4/5 1973)

Originalität

Kreative Menschen sind oft wirkliche „Originale". Originalität bedeutet, ein großes Maß an sprühenden, witzigen Ideen zu haben. Diese Ideen und Gedanken weichen von der Norm ab, sie sind einmalig und außergewöhnlich (vgl. adaptive Flexibilität). Die innere Freiheit, die vorhanden ist, hebt bestimmte Zwänge auf. Menschen, die über Originalität verfügen, gehören zu den Individuen, die sich nicht „gruppendynamisch zwingen lassen".

Viele unserer „unangenehmen" Kinder in der Gruppe sind kreative Kinder.

Erinnern Sie sich an Kinder, die übersprühen vor Ideen, in ihrem Verhalten dadurch auffallen und sich von den anderen unterscheiden? Haben Sie schon gemerkt, daß das auch häufig sehr intelligente Kinder sind?

Sensibilität

Eine wesentliche Voraussetzung für Kreativität ist die Sensibilität. Der sensible Mensch ist aufgeschlossen und aufnahmebereit für Geschehnisse und Veränderungen in seiner Umwelt.

Leider wird auf die Sensibilisierung der Sinne wegen unserer heutigen pädagogischen Auffassungen nicht mehr genügend Wert gelegt.

Das mag mit ein Grund sein für die oft spürbare Einfallslosigkeit in den Beschäftigungsangeboten vieler Kindergärten.

Sinneswahrnehmungen lassen sich nicht überprüfen und nur schlecht abfragen. So fällt es vielen Erziehern schwer, die Sinnesschulung als Ersatz für die Vorschulmappen zu nehmen.

In ihren Arbeitsmaterialien legt Maria Montessori großen Wert auf die Sinnesschulung und setzt deshalb verschiedene „Sinnesmaterialien“ ein. Ganz besonders kommt es ihr dabei zuerst einmal auf die Isolierung der Sinne an, das ganz bewußte und tiefe Erfassen mit Hilfe eines Sinnes und die immer feineren Abstufungen in der Wahrnehmung.

Assoziationsfähigkeit

Ein kreativer Mensch kann assoziieren, er kann Verbindungen herstellen, z. B. zwischen Augenblicksbeobachtungen und früheren Erlebnissen. Dabei reichen die Gedanken bis ins Utopische. Die verrücktesten Kombinationen sind ihm möglich. Oft genügt ein Bildfetzen, um irgendwelche Verbindungen herzustellen.

Denken Sie an Ihren heutigen Arbeitstag im Kindergarten.

Haben Sie nicht vielleicht das eine oder andere Kind ganz unbewußt „abgeblockt“, nur weil sein Beitrag, seine Gedanken absurd oder „verrückt“ erschienen?

Phantasie

Das Merkmal Phantasie steht in engstem Zusammenhang mit der Fähigkeit der Assoziation. Alle Gedanken sind möglich – ob sie realisierbar sind, spielt dabei keine Rolle. Oft bleibt es bei phantasievollem Träumen. Viele Menschen betrachten diese Art der Phantasie als eine Flucht aus der Alltagswirklichkeit.

Meiner Meinung nach ist genau das Gegenteil der Fall. Gerade durch phantasievolle und utopische Gedanken gelingt es, manche harten Realitäten zu bewältigen und Lösungsstrategien zu entwickeln, die in unserer normalen Denkweise gar keinen Platz finden könnten.

Humor

Kreative Menschen sind meist große Optimisten. Pessimismus würde sich auch gar nicht mit ihrer Lebenseinstellung vertragen.

Wer Humor hat, kann Dinge als unwichtig sehen und gelangt dadurch zu Abstand und objektiver Stellungnahme.

Humor führt zu innerer Freiheit und der Einstellung: „Morgen sieht schon alles anders aus!"

Konflikttoleranz

Emotionale Reaktionen stehen zugunsten der Toleranz gegenüber anderen zurück. Konflikte werden nicht abgeblockt, sondern aufgearbeitet.

Fähigkeit zu Analyse und Synthese

Gegebenheiten werden nicht unreflektiert hingenommen, sondern untersucht; es wird experimentiert und analysiert. Aus Neugierde möchte die kreative Person die wirklichen Hintergründe herausfinden. Anschließend folgt dann die Synthese: Erfahrungen und Erkenntnisse werden wieder aneinandergefügt.

Lösungsvorschläge werden nicht blind anerkannt, sondern überprüft und erlangen erst dann wirkliche Überzeugungskraft.

Flüssigkeit

Innerhalb eines vorgegebenen Zeitraums kann eine große Zahl von Ideen hervorgebracht und viele Vorschläge zur Problemstellung gemacht werden. Es ist beim kreativen Menschen die Fähigkeit vorhanden, sich verbal flüssig und umfassend auszudrücken.

Flüssigkeit gliedert sich z.B. in Wortflüssigkeit, Gedankenflüssigkeit, Ausdrucksflüssigkeit usw. Je mehr Zeit dem Menschen zur Produktion von Ideen zur Verfügung steht, desto höher sind Quantität und Qualität.

Elaboration

Man versteht darunter die Fähigkeit, sich mit einem Problem wirklich auseinanderzusetzen, es differenziert und intensiv zu bearbeiten. Elaborationsfähigkeit ist Vorbedingung für das sinnvolle Vorausplanen der nächsten Schritte auf dem Weg zur Problemlösung.

2.2 *Merkmale bzw. Erscheinungsformen der Intelligenz*

Intelligenz kann sich mehr oder minder gleichmäßig über alle Bereiche erstrecken, oder aber auch schwerpunktmäßig auf einige Bereiche besonders beziehen.

Zeigt ein Schüler überdurchschnittliche Fähigkeiten oder verfügt ein Vorschulkind über geistige Kompetenzen, die über der Altersnorm liegen, so bezeichnet man diese Erscheinungen als Intelligenz, man spricht von einem sehr intelligenten Kind. Ganz allgemein läßt sich sagen: Ein intelligenter Mensch reagiert adäquat auf an ihn gestellte Aufgaben. Seine Reaktion ist zielgerichtet, ökonomisch und leistungsbewußt. Dabei ist einerseits die menschliche Anlage mitbestimmend für das erreichbare Höchstniveau der Intelligenz. Andererseits ist das Intelligenzniveau auch stark vom Umfeld abhängig. Dies zeigt sich deutlich beim Vergleich verschiedener sozialer Gruppen.

Leider wird Intelligenz in der pädagogischen Praxis oft mit Drill und kognitiven Trainingsprogrammen in falschen Bezug gebracht.

Spontanes richtiges Lösen von Aufgaben allein ist noch kein unbedingter Beweis für Intelligenz, besonders dann nicht, wenn kein logischer Gedankengang als eigene geistige Leistung erkennbar ist.

Intelligenz – Fähigkeit, Denkleistung zu vollbringen

Ein intelligenter Mensch hat die Disposition und daraus erwachsend die Fähigkeit, Denkleistungen zu vollbringen.

„Intelligenz ist also nicht identisch mit Denken, Denken ist der Aktvollzug, Intelligenz ist die dispositionelle Befähigung dazu." (Schröder 1964)

Diese Disposition ist bei jedem Kind vorhanden; ihre Entfaltung ist aber abhängig von der „Pflege", abhängig von den Reizen, denen das Kind ausgesetzt ist, abhängig vom Umfeld und im Sinne Maria Montessoris von der „gestalteten bzw. vorbereiteten Umgebung" und dem „neuen Lehrer". Je mehr Möglichkeiten dem Kind gegeben werden, experimentierend und entdeckend aktiv zu werden, desto mehr Denkanstöße wird es erhalten, und desto mehr Denkvorgänge können sich vollziehen.

Intelligenz „pflegen" heißt also, dem Kind die Chance zu geben, kreativ – aktiv – zu handeln. Auch dürfen Lernangebote nicht durch die Vorauswahl von Erwachsenen eingeengt und damit die Interessengebiete und die Bedürfnissituation der Kinder vernachlässigt werden.

Intelligenz – Teilbereich der Leib-Seele-Geist-Einheit

Intelligenz ist keine isolierte Fähigkeit, sie bezieht sich

immer auf die Ganzheit des Individuums und steht im engsten Bezug zur personalen Einheit und allen Teilbereichen.

So kann eine einseitige Intelligenz-Förderung, die nur die geistigen Fähigkeiten anspricht, nur wenig Erfolg haben.

Intelligenz – Integration

„Intelligenz ist selbst eine Integration verschiedener Faktoren, die als Gliedstrukturen die Gesamtheit der Intelligenz bestimmen." (Schröder 1964)

Verschiedene vorhandene Faktoren machen die Intelligenz aus; je nach ihrer Verteilung kann es zu Intelligenzschwerpunkten kommen.

Im Vorschulalter allerdings muß noch eine ganzheitliche Förderung im Mittelpunkt stehen.

Eine zu frühe Differenzierung und Ausklammerung einzelner Bereiche würde dem Kind eine Vielzahl von Erfahrungen und Erlebnisfeldern erschließen (vgl. hierzu die Diskussion um die Hochbegabtenförderung im Vorschulalter).

Intelligenz in der Gesamtheit der Entwicklung

„Intelligenz ist als dispositionelle Grundlage nicht nur statisch, sondern als Teilstruktur der personalen Einheit des Menschen in den Prozeß der Entwicklung dieser Gesamtheit einbezogen." (Schröder 1964)

Hiervon läßt sich ableiten, daß Intelligenzförderung immer ein Teil ganzheitlicher Förderung ist und sich bei allen kindlichen Aktivitäten und Beschäftigungsangeboten vollzieht.

So läßt sich Intelligenz zusammenfassend kennzeichnen:

- als Disposition zur Vollbringung von Denkleistungen,
- als Teilstruktur der Leib-Seele-Geist-Einheit,
- als Integration verschiedener Faktoren und
- als Entwicklungsvariable.

3 Relation von Intelligenz und Kreativität

Es muß von der Tatsache ausgegangen werden, daß Intelligenz und Kreativität nicht gänzlich unabhängig voneinander vorhanden sind. Auffällig ist nur, daß in der pädagogischen und psychologischen Forschung der Intelligenzbegriff viel bedeutsamer ist und der Kreativitätsbegriff einseitig in die musischen Bildungsbereiche abgedrängt wird.

Intelligenz und Kreativität sollen und müssen in einem viel engeren Kontext gesehen werden. Durch die Annahme, daß durch gewisse kreative Akte eine Veränderung bzw. ein Zuwachs im Intelligenzniveau erreicht werden kann, gewinnt die Relation der beiden Bereiche zunehmend an Bedeutung. Daraus ergeben sich individuelle Neuansätze, die ich in Denk- und Handlungsprozesse einordnen werde. So entsteht eine enge Verknüpfung.

3.1 Intelligenz – Kreativität – divergentes und konvergentes Denken

Guilford unterscheidet zwei Arten des produktiven Denkens: das konvergente und das divergente.

Beim divergenten Denken kommt es zu Abschweifungen vom Thema, neue Gedanken werden untersucht, Verschiedenheiten entdeckt usw.

Beim konvergenten Denken wird richtungsorientiert vorgegangen. Es kommt nicht zu Abschweifungen, es werden Direktinformationen eingeholt, es kommt zu logischen, richtigen Antworten.

Die folgende Graphik über rationale und bildhafte Denkprozesse verdeutlicht den Ablauf und die Unterschiedlichkeit der Denkweisen.

Rationale Denkprozesse laufen streng linear als eine Folge von Richtig-Falsch-Entscheidungen ab. Sie führen zu einem genauen, prüfbaren Ergebnis.

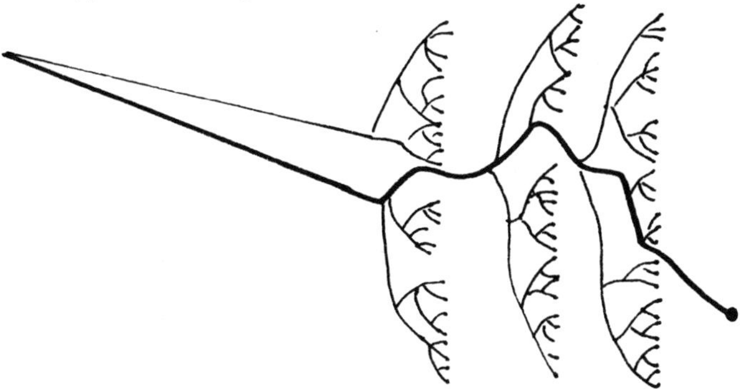

Bildhafte, sensorische Denkprozesse erregen ein großes Feld dendritischer (verzweigt, verästelt) Verzweigungsräume, in denen kreative Vorgänge entstehen können.

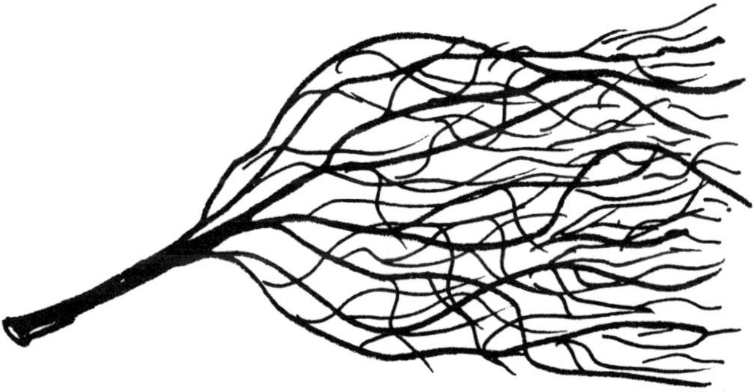

Soll bei einem Kind der Intelligenzquotient festgestellt werden, so spielt dabei das konvergente Denken eine besondere Rolle.

„Zum Bereich des konvergenten Denkens gehört die Fähigkeit, Merkmale von Gegenständen zu benennen (Form, Farbe), Abstraktes zu bezeichnen (Klassifikationen, Relationen), Analogieschlüsse zu ziehen, Ordnungsfolgen herzustellen, wobei der direkte Weg, die eindeutige Lösung, der zwingende Beweis Sachentsprechung und Operationabilität versprechen." (Hundertmarck/Ulshoefer 1972)

Zum divergenten Denken hin zeigen sich große Unterschiede. Hier sind alle Utopien und „verrückten" Gedanken erlaubt. Sicherheit spielt keine besondere Rolle mehr. Das Prinzip der Freiheit in Handlung, Entscheidung und verbaler Äußerung gewinnt große Bedeutung. Zu richtigen Aussagen und Lösungen gehören auch Alternativangebote. Divergentes Denken steht also in engem Zusammenhang mit Impulsivität und Spontaneität.

„Man könnte sagen, daß Kreativität ein dynamisches Potential darstellt, das sich auf den verschiedenen Sektoren auswirken kann und bestimmte Voraussetzungen hat, zu denen auch divergentes Denken gehört, daß sie aber nicht über Merkmalkataloge fixiert wird, sondern viel eher über den funktionalen Bezug kreativer Strukturen zu kreativen Äußerungen." (Hundertmarck/Ulshoefer 1972)

Jerome Bruner meint, eine kreative Lösung könne nur eintreten, wenn das Wissensfeld gründlich bekannt sei. Er geht also davon aus, daß ein bestimmtes Intelligenzpotential vorhanden sein und eine Vielzahl von Informationen gespeichert sein muß, damit kreative Relationen ausgelöst werden können.

„Man könnte sagen, die Arbeit des divergenten Denkens bestehe darin, die Grenzen des Konvergenten zu erweitern und vorhandene Strukturen vor Verfestigung zu bewahren." (Hundertmarck/Ulshoefer 1972)

Kommt der Mensch mit dem konvergenten Denken nicht mehr weiter, zeigen sich Grenzen, die eine Lösung schwierig gestalten, dann kann er in den Bereich des divergenten Denkens ausweichen.

Neue kreative Möglichkeiten können angestrebt werden und damit neue Lösungsperspektiven erkannt, gefunden und angewandt werden.

Im Verhältnis des divergenten zum konvergenten Denken wird auch der Zusammenhang zwischen Kreativität und Intelligenz deutlich.

3.2 Feststellung von Kreativität und Intelligenz

Die Faktoren Intelligenz und Kreativität sind scheinbar meßbare Größen. Die Höhe des Intelligenz- oder des Kreativitätsquotienten ist „wichtig für die Einordnung des Individuums in die Gesellschaft“. Die Einordnung wird nur allzu oft davon abhängig gemacht, z. B. Intelligenztests bei Aufnahme einer Berufsausbildung u. ä. Das Messen von Kreativität und Intelligenz ist abhängig von den Merkmalen, die der Kreativität bzw. der Intelligenz zugedacht werden, bzw. die im Testergebnis bestätigt werden sollen.

„Man kann eine Grenze des Intelligenzquotienten annehmen, unterhalb derer Kreativität nicht operabel ist und oberhalb derer sie als unabhängig von dem, was man im IQ mißt, gelten darf. Die IQ-Schwelle liegt nach Torrance bei 120; von diesem Testwert an kann man Kreativität als eine von Intelligenz grundsätzlich verschiedene Äußerungsform fassen. Unterhalb dieser Schwelle berühren sich die basalen Voraussetzungen für Intelligenz und Kreativität stark, während der Grad der Abhängigkeit zwischen Intelligenz- und Kreativitätsquotienten abnimmt mit zunehmendem IQ. Bei einem sehr hohen Meßwert an Intelligenz kann die Berührung mit Kreativität gleich null sein.“ (Ulmann 1973)

Intelligenztests

Grundsätzlich unterscheidet man Tests für Kinder und Tests für Erwachsene. Im Intelligenztest soll die intellektuelle Leistungsfähigkeit des Individuums festgestellt werden.

Die Intelligenztests sind ausgerichtet an den Merkmalen der Intelligenz und je nach Schwerpunkt in ihrer Aussage unterschiedlich.

Am genauesten läßt sich daher die sogenannte allgemeine Intelligenz feststellen.

Verfahren von Binet-Simon: Richtige Lösungen zu gestellten Aufgaben (Items) zählen als Monate. Sie werden zum Grundalter addiert und ergeben das Intelligenzalter. Intelligenzalter dividiert durch Lebensalter multipliziert mit 100 ergibt den IQ-Intelligenzquotienten. Ist der IQ größer als 100, bedeutet dies überdurchschnittliche Leistungen, ist der IQ kleiner als 100, zeigt das unterdurchschnittliche Leistung an.

Beim Hamburg-Wechsler-Intelligenz-Test finden wir eine Untergliederung der Items in homogen gehaltene Untertests. „Je 5–6 der Untertests werden zum Verbal- bzw. Handlungsteil vereinigt. Dies gestattet die Bildung eines Verbal-IQ, Handlungs-IQ und Gesamt-IQ."

Bei den IQ-Tests unterscheiden wir weiterhin Einzel- und Gruppentests (z. B. Amthauer).

Die Intelligenztests unterliegen einer Leistungsgrenze, die sich aus der Folge der Wesensmerkmale der Intelligenz ergibt. Bei all diesen Tests darf die Würde des Menschen nicht verletzt werden. Tests sollen also nicht ständig angewendet werden und den Erzieher oder Lehrer zu ehrgeizigem Leistungsdruck antreiben.

Es ist günstig, wenn der Test von außenstehenden Personen durchgeführt wird, so daß Emotionen ausgeschlossen werden, da sonst die Validität (Grad der Genauigkeit) des Tests beeinträchtigt wird.

Beispiele für IQ-Tests

1. Der BINET-SIMON-BOBERTAG-NORDEN-TEST bringt verschiedene Aufgaben für verschiedene Altersstufen (Ich beschränke mich auf die Aufgaben für das Kind vor dem Schulbesuch):

Altersstufe 3

a) Bildbeschreibung:	Auf 3 vorgelegten Bildern (Schneeballwerfen, Blindekuh, Grüßen) sind dargestellte Gegenstände zu erkennen und aufzuzählen.
b) Wortverständnis:	Mund, Augen, Nase sind zu zeigen.
c) Gegenstände erkennen:	Ball, Löffel, Blume, Trinkglas müssen erkannt und benannt werden.
d) Farben vergleichen:	4 Farbtäfelchen sind der entsprechenden Vorlage zuzuordnen.

e) Silben nachsprechen:	Sätze mit 6 Silben sind nachzusprechen.
f) Zahlen nachsprechen:	2 Zahlen müssen nachgesprochen werden.

Altersstufe 4

a) Figuren legen:	Mit 3 Stäbchen sind 3 vorgelegte Figuren zu legen.
b) Bauen I:	Mit 3 Klötzchen sind 3 vorgebaute Figuren nachzubauen.
c) Gegenstände erkennen:	Abgetastete Gegenstände (Fläschchen, Taschenmesser, Fingerhut, Knopf) sind an ihrer Form zu erkennen und zu benennen.
d) Geräusche erkennen:	Tätigkeiten (Abbürsten, Klappern mit Schlüsselbund, Anzünden von Streichholz) sind an den verursachten Geräuschen zu erkennen und zu benennen.
e) Linien vergleichen:	Von 2 Linien ist die längere zu bestimmen.
f) Gewichte vergleichen:	Von 2 Klötzchen ist das schwerere zu bestimmen.

Altersstufe 5

a) Quadrat abzeichnen:	Vorgelegtes Quadrat ist abzuzeichnen.
b) Rechteck zusammensetzen:	Ein diagonal zerschnittenes Rechteck ist wieder zusammenzusetzen.
c) 3 Aufträge:	3 Aufträge sind in einem Zuge auszuführen.
d) Begriffe erklären:	Von 5 Begriffen (Gegenstände) sind Zweckangaben zu geben.
e) Silben nachsprechen:	Sätze mit 10 Silben müssen nachgesprochen werden.
f) Zahlen nachsprechen:	4 Zahlen sind nachzusprechen.

Altersstufe 6

a) Bildbeschreibung:	Vorgänge auf 3 Bildern (siehe Altersstufe 3) sind zu beschreiben.
b) Falten I:	Quadratisches Blättchen ist wie vorgemacht nachzufalten.

c) Klötze berühren:	In vorgeführter Reihenfolge sind 3 Klötze zu berühren.
d) Rechts-links unterscheiden:	Rechte Hand und linkes Ohr sind zu zeigen.
e) Stäbchenreihen:	Farblich rhythmisch geordnete Stäbchenreihen sind fortzusetzen.
f) Ästhetischer Vergleich:	Von 2 Gesichtsformen ist die schönere zu bestimmen.

Dieser Test wird fortgesetzt bis zur Altersstufe 13/14/15.

2. HAWIK-TEST (Hamburg-Wechsler-Intelligenztest für Kinder). Es handelt sich um einen Einzeltest zur Ermittlung der intellektuellen Leistungsfähigkeit für die Altersstufen 6 bis 16.

Aufbau: 10 Aufgaben mit steigendem Schwierigkeitsgrad für alle Aufbaustufen; Unterscheidung in Verbalteil und Handlungsteil.

Verbalteil

a) Allgemeines Wissen:	30 Fragen mit steigendem Schwierigkeitsgrad, durch die der Umfang des Allgemeinwissens geprüft wird.
b) Allgemeines Verständnis:	16 Fragen, in der Hauptsache Warum-Fragen, die sich im einfacheren Teil auf das richtige Verhalten in einer geschilderten Situation beziehen.
c) Rechnerisches Denken:	... (Es soll an dieser Stelle nicht darauf eingegangen werden.)
d) Gemeinsamkeiten finden:	(Kinder unter 8 Jahren) im leichteren Teil werden Analogien gesucht.
e) Wortschatztest:	Zur Prüfung des beherrschten Wortschatzes sind bis zu 40 Begriffe zu erklären.

Handlungsteil

f) Zahlensymboltest:	Von Kindern unter 8 Jahren sind in Symbole (Stern, Kreis ...) bestimmte Zeichen einzusetzen.
g) Bilder ergänzen:	In 20 vorgelegten Bildern sind fehlende Teile anzugeben.
h) Bilder ordnen:	Im leichteren Teil sind Bilder zusammenzusetzen.
i) Mosaiktest:	Verschieden bemalte Klötzchen sind einer Vorlage entsprechend zu ordnen.

j) Figuren legen: Zerschnittene Figuren (Junge, Pferd, Gesicht, Auto) sind zusammenzusetzen.

Es gibt noch eine Vielzahl weiterer Verfahren zur Ermittlung der Intelligenz und des Entwicklungsstandes. Ebenso geben Einzelverfahren Auskunft über die Teilfunktionen der Intelligenz, wie z. B. über das Gedächtnis, das räumliche Vorstellungsvermögen, das technische Verständnis, die Eignung für bestimmte Tätigkeiten (für Berufe o. ä.), die Schulreife, den Wortschatz (wie z. B. der Frankfurter-Wortschatz-Test) usw.

Intelligenztests dürfen von Erziehern und Eltern nicht überbewertet, und die individuelle Leistungsfähigkeit des Kindes außer acht gelassen werden. Ebenso sollte die Tatsache Berücksichtigung finden, daß Intelligenzuntersuchungen zwar verläßlicher sind als allgemeine Beobachtungen, aber dennoch keine absolut sicheren Ergebnisse bringen.

Kreativitätstests

Nachdem der Begriff der Kreativität an Aktualität gewonnen hatte, wurden Versuche angestellt, den Grad der vorhandenen Kreativität bei Menschen festzustellen.

Dies geschieht auch in Form von Testverfahren, die natürlich ganz andere Anforderungen stellen als ein Intelligenztest.

Von den Testpersonen soll Kreatives geleistet werden, d. h., aus assoziativen Elementen sollen neue Kombinationen gebildet werden, wobei Verbindungsstücke gefunden werden müssen.

Schwierigkeiten macht es, brauchbares Testmaterial zusammenzustellen. Der Test soll ja allen Gebieten der Kreativität angemessen sein, und so darf das Material keine spezifische kreative Ausdrucksweise verlangen. Man könnte allerdings auch ein Material auswählen, das Menschen allgemein bekannt und vertraut ist und von dem man annehmen kann, daß alle Interessengebiete angesprochen werden. Sinnloses Material, das keine kreative Ausdruckskraft hat, zu finden, bereitet große Schwierigkeiten. Diese Tatsache führte dazu, daß Material ausgesucht wurde, von dem man annehmen konnte, daß alle Individuen in dieser Kultur damit vertraut sind, und so entschied man sich zur Auswahl von „verbalem Material".

Test: Dem Probanden müssen einige Worte aus entgegengesetzten Assoziationsgruppen angeboten werden; seine Aufgabe besteht darin, Vermittlungsglieder zwischen den Gruppen zu bilden. Darüber hinaus muß das Vermittlungsglied eindeutig assoziativer Natur sein und darf nicht eine Vermittlung durch bestimmte logische Regeln, Begriffsbildung oder Problemlösung anregen. In ihrer endgültigen Form bestehen die Testaufgaben aus Gruppen von 3 Wörtern, die aus voneinander entfernten Assoziationsgruppen gebildet sind.

Ein Beispiel könnte lauten: Torte, weiß, Hütte.

Der Proband wird aufgefordert, ein viertes Wort zu finden, das als assoziatives Verbindungsglied zwischen diesen drei getrennten Wörtern dienen könnte. Die Antwort heißt „Käse". Käse ist ein Wort, das sich in folgenden drei Wortgruppen findet: „Käsetorte – Weißkäse – Hüttenkäse".

Der Proband bekommt zuerst einige dieser Aufgaben, um sich auf den eigentlichen Test einstellen zu können.

Der Test enthält ca. 30 solcher Aufgaben. Er wird als „Remote Associates Test" (RAT) bezeichnet.

Das Verfahren zeigt bereits, daß zur Messung der Kreativität eine gewisse „Warmlaufzeit" (Warming up) notwendig ist; es müssen erst Assoziationen gebildet werden, bevor zu den eigentlichen Testaufgaben übergegangen wird.

E. P. Torrance untergliederte den Kreativitätstest in einen verbalen und einen figuralen Teil. Dabei zeigte sich, daß der Test an Validität (Grad der Genauigkeit bei psycholog. Tests) verliert, je mehr kreative Vorkenntnisse bei dem Probanden vorhanden sind. Es ist also illusorisch anzunehmen, daß durch einen Kreativitätstest ein quantitativer Meßwert, wie der Intelligenzquotient beim Intelligenztest, gefunden werden könnte.

Will man wirkliche Meßwerte für Kreativität feststellen, muß man möglichst verschiedenartige kreative Aktivitäten in den Griff bekommen. Es bereitet wenig Schwierigkeiten, kreative Eigenschaften und Merkmale zu erfassen, jedoch große, den „kreativen Prozeß" und die „kreative Persönlichkeit" zu erfassen.

Kreativität
- kreativer Prozeß
- kreative Eigenschaften/Merkmale
- kreative Persönlichkeit

Es besteht beim Kreativitätstest die besondere Gefahr, daß beim Test nur die Fähigkeiten in einem Teilbereich ermittelt werden. Dieses Ergebnis läßt sich jedoch nicht auf die anderen Bereiche übertragen.

Beispiel: Ergebnisse aus dem Bereich des Malens können nicht auf die verbale Kreativität übertragen werden.

4 Psychologische und gesellschaftliche Aspekte der Intelligenz und der Kreativität

Man kann davon ausgehen, daß jeder Mensch im Bereich der Intelligenz und der Kreativität individuell verschiedene Entwicklungen durchläuft.

Verhaltensweisen, die Rückschlüsse ziehen lassen auf Intelligenz und Kreativität, findet man in jeder Altersstufe. Beobachtet man beide Faktoren, so wird man feststellen, daß Kreativität beim Erwachsenen bis zur Bedeutungslosigkeit abnehmen (allerdings durch stete Arbeit an sich selbst zunehmen) kann, Intelligenz bis zu einem bestimmten Grad zunimmt.

Letzteres ist abhängig vom körperlichen, geistigen und seelischen Zustand des Menschen.

Intelligenz läßt sich nur insoweit vermehren, als die Voraussetzungen gegeben sind, die diese Entwicklung ermöglichen.

„Eine Psychologie der Entwicklung des kreativen Verhaltens, die mit der des Denkens, des Sprechens, der Motivation und des Spielverhaltens vergleichbar wäre, steht bis auf den heutigen Tag noch aus. Viele Entwicklungspsychologen sind jedoch einstimmig der Auffassung, daß originelles Verhalten beim Kind sehr häufig anzutreffen ist." (Heinelt 1974)

Entwicklungsabschnitte im Sinne einer klassischen Phasenlehre, lassen sich beim Faktor Kreativität kaum aufzeigen.

Man könnte lediglich von Verhaltensweisen, die scheinbar „typisch" für Intelligenz oder „typisch" für Kreativität sind, ausgehen.

Gesellschaftlich und individuell ist die „originelle Problemlösung" durch das kreative Kind von Interesse.

Für wen ist die Lösung originell?
Das Kind ist Träger unbewußter, origineller, dynamischer Prozesse. Diese in ihm schlummernden Fähigkeiten kann das Kind sich selbst zunutze machen, beispielsweise in Form eigener kreativer Leistungen, aber auch für die Gesellschaft. Letzteres insofern, als diese Leistungen oder Ergebnisse die Bedürfnisse und Interessen der anderen ansprechen und sie somit von der Gesellschaft angenommen, zumindest aber geduldet werden.

Einige Grundelemente kreativen Verhaltens findet man immer wieder: das Staunen,
das Fragen,
das Infragestellen.

Diese drei Grundverhaltensformen stehen in einem gewissen Gegensatz zur Intelligenz.

Intelligenz	Kreativität
	Das Staunen
findet im Bereich der Intelligenz kaum Beachtung; ist keine Zeit dafür da; ein faßbares, meßbares Ergebnis, ein Lernerfolg ist nicht absehbar; Situationen/Gegebenheiten bleiben unbeachtet, die das Staunen ermöglichen …	Es ist Auslöser für kreatives Erfassen und Erleben; es kann zu den sog. kreativen Arbeitstechniken gezählt werden; es hilft, Alternativen zu finden. Es gibt stets neuen Anreiz zum weiteren Experiment.
	Das Fragen
findet Bedeutung und Anerkennung im Bereich der Intelligenz. Es zeigt Interesse an den Aufgaben und den Wunsch, mehr zu erfahren – allerdings im Hinblick auf direkte Lösungsmöglichkeiten …	Die gezielte Frage, konsequent auf die Lösung hin ausgerichtet, spielt keine allzu große Rolle. Die Freude am Experiment überwiegt, die Tatsache, noch nicht alles zu wissen, motiviert, Warum- und Wenn-Fragen scheinen ins Endlose zu führen.

Intelligenz	Kreativität
Das In-Frage-Stellen	
Im Bereich der Intelligenz bleibt dafür kaum Raum; Alternativen haben große Bedeutung; Zusatzwissen ohne direkte Verwertung wird nicht angestrebt; In Frage stellen könnte vom direkten Lösungsweg abbringen, Unsicherheiten könnten zum Ausdruck gebracht werden …	zählt zu den kreativen Arbeitsformen. Mit „einer" Möglichkeit wird noch keine Zufriedenheiten erreicht. Neue Möglichkeiten/Alternativen tun sich auf, bieten sich an; utopische Gedankensprünge, Einsatz von Phantasie und Spontaneität ist möglich …

Diese drei Verhaltensformen sind im Kind angelegt. Es liegt an seinem Umfeld, im weitesten Sinne an der Gesellschaft, was daraus wird.

In einer Umfrage bei Eltern, Erziehern und Lehrern wurde versucht festzustellen, welchem Faktor die größere Bedeutung zugemessen wird:

„Ich glaube zwar, daß Kreativität wichtiger ist, aber in Wirklichkeit stimmt das ja nicht, Intelligenz ist wichtiger!" – Wie soll man ein derartiges Ergebnis auswerten? Zerstört der Druck durch die Gesellschaft die positive Einstellung des einzelnen?

„Ja, eigentlich müßten wir in der Schule dem Bereich der Kreativität mehr Beachtung schenken, aber der Lehrplan, der Stoff!" – Kreativität wird also im Keim erstickt, was auch erklärt, warum bei Kindern nach der Einschulung ein beachtliches Absinken der kreativen Fertigkeiten und Verhaltensweisen spürbar wird.

„Kreativität, alles schön und gut, aber das Zeugnis ist wichtig. Intelligenz im Hinblick auf den Beruf, auf die Zukunft. Das Kind soll lernen, ordentlich zu arbeiten, und nicht ständig Ausreden haben oder verschiedene Lösungen anstreben."

Beide Faktoren, Kreativität und Intelligenz, sind zur menschlichen Lebensbewältigung notwendig. Die Gesellschaft setzt beide Fähigkeiten oder Anlagen beim Menschen voraus; es gibt nur starke Unterschiede im Wunsch nach der Quantität. Dies wiederum ist abhängig von den verschiedenen Berufsgruppen. Beide Faktoren haben insoweit Bedeutung, als sie für das Weiterkommen, für gesellschaftlichen Erfolg und Anerkennung von Bedeutung sind. Überwiegt der eine Faktor, so kann dies für die betroffene Person negativ sein, denn Abweichen von gesellschaftlichen Normen macht unbeliebt. So kann eine sehr kreative Persönlichkeit eingefahrene Traditionen ins Schwanken bringen. Ebenso haben hohe Intelligenzen für breite Schichten etwas unangenehmes an sich, sie fordern heraus, selbst auch geistig reger zu sein oder erinnern an eigenes Versagen. Ein den gesellschaftlichen Erwartungen angepaßtes Maß an Intelligenz und Kreativität erscheint also anstrebenswert zu sein, denn dann sind Schwierigkeiten relativ selten.

Anders ist die Bedeutung von Intelligenz und Kreativität für das Individuum, für den einzelnen Menschen.

Für ihn ist kreatives Handeln und Lösen von Problemen häufig ein Schritt auf den Weg zu höherer Intelligenz. Spontane Lernprozesse – sie können dem kreativen Prozeß zugeordnet werden – sind intelligenzfördernd, wenn auch auf für die Gesellschaft oft unnatürlichen Wegen.

Die Freude am außergewöhnlichen Ergebnis motiviert neu, spornt an, auch nach Alternativen zu suchen.

Zwischenbemerkung

Bisher haben Sie mich durch die mehr theoretische Einführung und den „Begriffswald“ begleitet. Und jetzt sagen Sie zu Recht:

„Was wollen wir nun in der Praxis machen? Nur noch Kreativitätserziehung?
Wie können wir deren Bedeutung den Eltern und Lehrern verdeutlichen?“

Ich hoffe, daß Sie in den nächsten Kapiteln einige brauchbare Argumentationshilfen finden werden. Suchen Sie aus, was für Ihre Situation paßt!

5 Das Vorschulalter

5.1 Zum Begriff Vorschulalter

Um Mißverständnisse zu vermeiden, soll der Begriff kurz definiert werden, so wie er in diesem Buch verwendet wird.

> Die Bezeichnung Vorschulalter umfaßt die Zeit bis zum 6. Lebensjahr, d. .h. bis zum Eintritt in die Schule.

Alle Lebensjahre sind für die kindliche Entwicklung und Förderung gleichermaßen von Bedeutung.

Es bedarf keiner Sonderangebote im Hinblick auf den Eintritt in die Schule.

In jedem Lebensjahr muß das Kind entsprechend seiner geistigen, körperlichen, sozialen und emotionalen Entwicklung gefördert werden.

Dabei kommt es darauf an, daß immer eine ausgewogene, ganzheitlich orientierte Förderung im Mittelpunkt steht.

Nur so kann einseitiger Drill, Überforderung oder Überbewertung einzelner Förderbereiche vermieden werden, gelangt das Kind am besten zur Schulfähigkeit.

5.2. Vorschulalter – idealer Zeitraum für die „Intelligenz- und Kreativitätsförderung"

Viele Untersuchungen führten zu dem Ergebnis, daß die geistige Entwicklung in der Kindheit weit größer ist und weit schneller voranschreitet, als in der Jugend oder im Erwachsenenalter.

Betrachtet man es als Tatsache, daß das Vorschulalter für beide Förderungsbereiche von größter Bedeutung ist, dann sollten in diesem Zeitraum dem Kind auch ganz „besondere Angebote" gemacht werden.

Dazu bietet sich neben der Familienerziehung (Kleingruppe), die institutionelle Erziehung, z. B. im Kindergarten (Erziehung in der Gruppe) an. Dem Kind können dort ganz verschiedene Angebote gemacht werden, die seine Individualität berücksichtigen. Ein Leistungsdruck durch einen verbindlichen Lehrplan o. ä. entfällt, es sei denn, daß falscher Ehrgeiz von Eltern und Erziehern die Vorschulzeit bereits zu einer verfrühten Schule werden läßt und dabei die Entfaltungsfreiheit des Kindes eingeschränkt wird.

Das Vorschulalter läßt dem Kind Platz und Zeit für Spontanaktivitäten. Spontanaktivitäten, im Gegensatz zu reaktiven Verhaltensweisen, bilden die Basis für Kreativität.

Anfangs sind die Aktivitäten wenig differenziert (vergleichbar den Bewegungen des Säuglings), allmählich werden sie koordiniert und sind mehr zielgerichtet. Sie bleiben immer sehr originell, sind variationsreich und spontan.

In seinem Buch „Kreative Lehrer – kreative Schüler" (1971) nennt Heinelt einige Merkmale der Kreativität des Vorschulalters:

- „Das Kind lebt in einem psychisch entspannten Feld, das optimale Voraussetzungen bietet für die Entfaltung einer einzigartigen Erlebnisfähigkeit, Aufnahmebereitschaft und Interessenshaltung, die es ihm möglich machen, sich der Welt gegenüber staunend und fragend zu verhalten. Sein Verhalten ist noch nicht von fest formulierten Leistungszielen bestimmt. Die Interessen entwickeln sich spontan, ohne Druck, ohne Zwang, ohne Reglementierung.
- Das Kind in der Vorschulzeit erfährt und entdeckt seit den ersten Lebenstagen seine Umgebung als etwas Neues, ohne durch Erfahrungen, Denkgewohnheiten, Bekanntheitsqualitäten und Automatismen festgelegt zu sein.
- Das Kind der Vorschulzeit ist unreflektierter und im allgemeinen integrierter und konfliktfreier als das spätere Schulkind.

- Die kritische Einstellung, die sich distanzierend auswirkt, ist noch nicht oder nur in ersten Ansätzen gegen Ende der Kindheit hin entwickelt. Das Vorschulkind ist der Welt hingegeben, es ist engagiert und nimmt, sich mit ihr identifizierend, an ihr teil.
- Das kreative Denken des Kindes hat, womit ein besonders spezifisches Merkmal des Vorschulkindes angesprochen wird, noch nicht seinen Widerpart im konvergenten Denken. Das systematische Training dieses konvergenten Denkens erfolgt erst später in der Schule."

Aus diesen Merkmalen ergeben sich eine Reihe von Anforderungen an die gesamte Umgebung des Kindes.

Erzieher, Eltern, Lehrer, die Gesellschaft allgemein, prägen den Lebensraum des Kindes. Die Erfahrungen, die das Kind in diesem Lebensraum macht, sind für seine Entwicklung richtungsweisend.

Wollen wir für das Kind die Vorschulzeit wirklich nützen, so brauchen wir

eine kreative Umgebung
mit dem Ergebnis: kreative Kinder
und kreative Erzieher

Vor allem aber brauchen wir kreativitätsfördernde Methoden, wie z. B. die Sinnesschulung und Erzieher, die warten und beobachten können, die dem Kind Zeit für eigene Entdeckungen lassen.

Ist es Ihnen heute zufriedenstellend gelungen, auf die Bedürfnisse der Kinder einzugehen?

Haben Sie heute warten können, als ein Kind ganz versonnen eine Ameise beobachtete, oder haben Sie „eingegriffen" und ihm Wissenswertes über die Ameise mitgeteilt?

Der kreative Erzieher

Ein kreativer Erzieher wird in seiner Gesamtpersönlichkeit kreativ sein. Alle Faktoren, die Kreativität bestimmen, müssen bei ihm vorhanden sein; er muß verschiedene kreative Techniken und Arbeitsmethoden beherrschen; er muß einen Erziehungsstil praktizieren, der kreatives Verhalten hervorruft und fördert. Um selbst wirklich kreativ zu werden, muß der Erzieher einen Entwicklungsprozeß durchlaufen; er muß sich selbst erziehen, ohne dabei die Absicht, das Ziel, kreativ werden zu wollen, überzubewerten.

„Kreativität ist eine kognitive Fähigkeit, die in der Wahrheit der Dinge gründet, während das ideologische Denken die Wirklichkeit deformiert. Kreativität kann zwar zu einer Ideologie entarten, wenn ein Prinzip oder Stereotyp des Verhaltens daraus gemacht wird, hört dann aber auf, das zu sein, was zu sein sie vorgibt." (Heinelt 1973)

Ein Ziel des Erziehers muß es sein, zu innerer Freiheit zu gelangen, Aufgeschlossenheit und den Wunsch nach Veränderung der pädagogischen und didaktischen Routinehaltungen zu erlangen. Nicht nur die Kinder, auch der Erzieher wird dann mehr Freude an der Arbeit gewinnen, es wird zu einer ausgezeichneten wechselseitigen Motivation kommen.

Will der Erzieher die eigene Kreativität trainieren, so bietet sich u. a. das Brainstorming (nach Osborn) an.

Ebenso sollte er sich in der Kunst der Meditation üben und so seine eigenen Wahrnehmungen verinnerlichen. Dann findet er auch zu anderen pädagogischen Vorgehensweisen.

Die „kreative Umgebung"

Inwieweit sich Kreativität fördern läßt, ist in starkem Maße von der Umgebung abhängig, in der das Kind lebt, spielt, erlebt ...

In einer „armen" Welt, ohne Impulse und Anregungen, sind weder Förderung der Intelligenz noch die der Kreativität möglich. Es liegt also in der Hand von Eltern und Erziehern, die Umwelt für das Kind entsprechend aufzubereiten und zu gestalten. Zum Beispiel mißt Maria Montessori in ihren Schriften der „Vorbereiteten Umgebung" eine ganz besondere Funktion zu. Sie sieht in der

Umgebung und den bereitgestellten Materialien die Grundlagen zur „Arbeit“.

Wie sollte und könnte nun eine kreativitätsfördernde Umwelt für das Kind aussehen?

- Sie sollte getragen werden vom Prinzip der Freiheit: Freiheit in der Auswahl des Raumes, in der Auswahl des Materials, in der Auswahl der notwendigen technischen Hilfsmittel, in der Wahl der Aktivitäten überhaupt.
- Umgesetzt für die Praxis bedeutet dies für den Erzieher: Einschränkung von Ge- und Verboten, Bereitstellen einer Vielfalt von Material und dem entsprechenden Handwerkszeug. Es muß eine kindgemäße Umwelt geschaffen werden, die an den Bedürfnissen des Kindes orientiert und keine kleine Erwachsenenwelt ist.
- Meist sind alle Materialien perfekt. Was kann das Kind noch tun? Es steckt die Teile ineinander. Wäre es nicht einen Versuch wert, auch „unfertiges“ Material anzubieten?
- Alle Materialien, die dem Kind zur Verfügung stehen, sollen anregend sein, Möglichkeiten offen lassen, veränderbar sein; sie sollten vom Kind zweckentfremdet werden dürfen (aus der Sicht des Erwachsenen), sie sollten schöpferischen Charakter haben, frei zur Verfügung stehen. Das Fragen nach dem Material und der Benutzungserlaubnis kann manches Kind schon abblocken und kreative Tätigkeiten verhindern.

Alles, was vom Kind neugeschaffen wird, muß in seiner Umwelt Platz und Anerkennung finden.

Ist es Ihnen auch schon passiert, daß Sie gesagt haben: „... aber das ist doch kein, ..., das mußt du so ... machen?

Wußten Sie in dieser Situation, was das Kind wollte oder haben Sie das von Ihnen gesteckte Ziel im Auge gehabt?

5.3 Hemmnisse für die Intelligenz- und Kreativitätsförderung

Eine Reihe von Ursachen können eine normale Intelligenz- und Kreativitätsentwicklung verhindern oder verzögern. Wohl gibt es verschiedene Möglichkeiten der Kompensation, doch läßt sich ein totaler Ausgleich nur selten erreichen.

Erziehungsziele und Erziehungsstile

Wir leben in einer Leistungsgesellschaft. Jeder Mensch ist besorgt, bestimmte Ziele zu erreichen. Dies beginnt bereits im Kindergarten. Innerhalb einer Woche „muß" eine bestimmte Zahl von Arbeitsblättern bewältigt werden. Es fehlt die Ruhe und die Zeit zum wirklich kreativen Tun. Die Fortsetzung finden wir in der Schule. Im Hinblick auf den Numerus clausus haben schulische Leistungen noch mehr an Bedeutung gewonnen. Im anschließenden Berufsleben setzt sich der Leistungsdruck fort.

Dem Resultat der Arbeit wird übergroße Bedeutung zugemessen. So ist der Mensch gezwungen, sich noch mehr nach der Meinung der anderen zu richten und auf seine Selbstentfaltung zu verzichten.

Erziehungsziele und Erwartungen, bei denen in Leistung und materiellen Gütern das einzig Erstrebenswerte gesehen wird, wirken kreativitätshemmend.

Ähnlich verhält es sich auch mit verschiedenen Erziehungsstilen. Sie reichen von autoritär bis zum absoluten Laissez-Faire. In bezug auf die Förderung der Kreativität und das Erreichen vieler Leistungen erweist sich nur ein freiheitlich-demokratischer Erziehungsstil als sehr günstig.

Stark autoritäres und bestimmendes Verhalten wirkt hemmend, da Eigenimpulse nicht zum Tragen kommen können. Sie werden bereits vorzeitig unterbrochen. Der Erzieher ist enttäuscht, daß das Kind so wenig kreatives

Verhalten zeigt, und reagiert deshalb häufig noch autoritärer.

Viele Kinder orientieren sich auch zu sehr an ihren Altersgenossen und engen sich dadurch oft selbst stark ein. Sie werden ängstlich und entwickeln leicht Minderwertigkeitskomplexe, weil sie die Leistungen der anderen nicht erreichen können.

Fragen, die unbeantwortet bleiben, oder überhaupt das Verbot, Fragen zu stellen (beides hat heute häufig noch Gültigkeit im religiösen und im sexuellen Bereich), blokkieren die Aktivitäten des Kindes. Der Erzieher findet Fragen oft störend, da er auf ein bestimmtes Ziel hinarbeitet. Bei diesen Fragen jedoch handelt es sich um Spontanfragen, die aus dem Neugierverhalten der Kinder erwachsen.

Kreatives Verhalten wird verhindert. Wenn man als Kind nur akzeptieren und lernen muß, was andere schon vorher entdeckt haben, so ermuntert das nicht, selbst neue Möglichkeiten anzustreben.

Aus diesen Überlegungen erklärt sich, daß und warum kreatives Verhalten beim Kind in der Schule – trotz offener Curricula – zusehends abnehmen muß.

Das Ziel des Erziehers bzw. das Unterrichtsziel, das er erreichen möchte, muß dem Kind gegenügend Freiraum zur freien Entfaltung lassen.

Spöttische Haltung – mangelnde Anerkennung

Hat das Kind ein nur schwach ausgeprägtes Selbstwertgefühl, so ist bereits ein Teil möglicher schöpferischer Bemühungen blockiert. Hinzu kommt noch die mangelnde Anerkennung durch den Erzieher oder die Gruppe. Damit wird kreative, spontane Entfaltung unmöglich gemacht. Dies steigert sich noch, wenn das Kind Niederlagen erlebt. Es hat Mißerfolge, hat mehrmals falsche Antworten gegeben, kam mit seinem Beitrag zu spät, wurde verspottet oder ausgelacht, wurde mit einer ironischen Antwort abgewiesen ... Wenn wirklich kreative

Persönlichkeiten mit derartigen Verhaltensformen ständig konfrontiert werden, wird eine Verminderung der Kreativität nicht aufzuhalten sein, zumal ja gerade der kreative Mensch recht feinfühlig ist.

Überbetonung des Erfolges – Große Belohnungen

Häufig belohnt sich der Erzieher selbst, wenn er glaubt, „seine“ Kinder erfolgreich gefördert zu haben. So akzeptiert er nur noch Beiträge und Vorschläge, die zur Erreichung seines Wunschzieles notwendig sind. Er engt damit sich selbst ein und überträgt dieses Verhalten auch auf die Kinder.

„Eine übergroße Akzentuierung des Erfolgs leitet die Energien vom kreativen Prozeß ab und konzentriert sie auf Ergebnisse, vielleicht auch auf einige Statussymbole oder auf die nur instrumentell wertvollen Ziele, die hätten erreicht werden können. Solche Überbetonung blockiert die Schöpferkraft, weil sie dahin tendiert, die Aufmerksamkeit von Entwicklung und stetiger Verbesserung abzulenken.“ (Schiffler 1976)

Große Belohnungen sind für Kinder sehr verlockend, jede Aktivität wird dann nur noch auf diese Belohnung hin ausgerichtet. Das Kind versucht, sein Ziel schnell zu erreichen; es ist nicht mehr um des Experimentierens und der eigenen Freude daran bemüht, sondern sieht vielmehr die Belohnung, die alles überwiegt. Dies kann auch zu einer Gewohnheit werden.

„Wenn ich ... bekomme ich ..., dann mache ich das und das!“ Der Erzieher sollte sich dieses Hemmnis der Kreativitätsentwicklung stets vor Augen halten.

Angst – Feindseligkeiten

Die Angst als kreativitätshemmender Faktor wird nur selten berücksichtigt. Dies liegt daran, daß der Erzieher oft nicht bemerkt, daß das Kind „Angst“ vor ihm hat. Aus Druck und Strenge – beides ist oft unvermeidlich – entwickelt sich nur zu leicht Angst. Es ist nicht die Angst, daß das Kind etwas falsch machen könnte, es ist die Angst vor dem Erzieher. Antipathien spielen dabei eine bedeutende Rolle. Auch wenn der Erwachsene meint, man könnte ihm eine eventuelle Antipathie dem Kind gegenüber nicht anmerken, spürt es das Kind. Gerade Feindseligkeiten, Mißverständnisse, Unklarheiten, unausgesprochene Dinge bedrücken sehr, engen ein und blocken ab.

Übertriebenes Streben nach Sicherheit

Kreative Lösungsmethoden bergen immer ein gewisses Risiko in sich. Es besteht die Gefahr, daß man zeitweise den Boden unter den Füßen „verliert". Abläufe und Ergebnisse können nicht präzise vorhergesagt werden. Erst kommt das Experiment, und dabei heißt es gewissermaßen: Abwarten, was daraus wird. Ganz allgemein bedeutet dies, daß man Sicherheit zugunsten der Kreativität aufgeben muß. Gelingt es nun nicht, auf diese Sicherheit zu verzichten, so wirkt sich das logischerweise kreativitätshemmend aus. Das Bedürfnis nach Sicherheit ist bei jedem Individuum vorhanden, und ein Mindestmaß davon ist auch notwendig. Aber es muß grundsätzlich der Mut da sein, auch einen „Sprung ins kalte Wasser" zu wagen.

Kulturelle Blockierungen oder Hemmnisse

„Mit kulturellen Blockierungen sind vor allem jene Normen und Werte gemeint, die in einem komplexen Prozeß der Sozialisation der jeweils nachwachsenden Generation vermittelt werden, und für deren Einhaltung ein ausgefeiltes System sozialer Sanktionen und Kontrollen sorgt." (Meyer/Sikora 1976)

In dem Moment, in dem der Mensch von den üblichen Verhaltensmustern abweicht, wird seine Umgebung stark verunsichert, er stößt geradezu auf Ablehnung oder Zurückweisung.

Anerkennung finden nur Individuen, die sich an das Bewährte, das Bestehende halten und wahre Vertreter des Konformismus sind; anders sein, als es die Norm vorsieht, führt allzuschnell zur Bezeichnung „abnorm".

„Genie und Irrsinn sind lange Zeit miteinander verknüpft worden. Beinahe alle Erfinder, Komponisten, schöpferische Wissenschaftler und andere kreative Menschen wurden als geisteskrank angesehen. Obwohl diese Überzeugung schon vor langem angezweifelt wurde, hat sich doch der Gedanke gehalten, daß jede Abweichung von Verhaltensnormen ungesund und unmoralisch sei und korrigiert werden müsse." (Meyer/Sikora 1976)

Bei den kulturellen Blockierungen spielt auch der Druck durch die Gruppe eine entscheidende Rolle. Das Verhalten des Individuums, in unserem Fall eines Kindes, kann sich durch den Einfluß einer Gruppe stark, ja sogar total verändern. So mag es sich beispielsweise in der Einzelaktivität als sehr aktiv und schöpferisch zeigen; innerhalb der Gruppe wirkt es aber gehemmt und eher verschlossen.

Falsch verstandenes Spiel als kreativitätshemmender Faktor

„Wer in unserer Gesellschaft Arbeit und Spiel in Verbindung zu bringen wagt, dem wird im positivsten Fall mangelnder Wirklichkeitssinn bescheinigt. Gerade die Trennung dieser beiden Sphären ist eine der grundlegenden Ursachen für mangelnde Kreativität im Berufsleben." (Meyer/Sikora 1976)

Aus den Aussagen Piagets läßt sich folgern, daß beim Kind gerade das Spiel, insbesondere das Symbolspiel, für die Entwicklung schöpferischer Fähigkeiten von großer Bedeutung ist. Es ist weit über das Vorschulalter hinaus bis in die Grundschulzeit hinein wichtig.

Das freie Spiel bietet unzählige Möglichkeiten der Kreativitätsförderung und parallel dazu auch der Intelligenzförderung. Leider wird das Spiel vom Erzieher oder ganz allgemein vom Erwachsenen falsch eingestuft. Es kommt nicht zum wirklichen freien Spiel und damit auch nicht zur schöpferischen Entfaltung.

Anhand einer Spielbeobachtung in einer Familie lassen sich die obigen Ausführungen verdeutlichen.

Ein Kind holt sich aus seinem Spielzeugschrank den Kasten mit den logischen Blöcken. Es kommt zum Tisch, an dem die Mutter sitzt und stickt.

Es schüttet den Kasten auf dem Tisch aus.

Mutter: „Was machst du da?"
Kind: „Ich spiele. Ich will bauen."
Mutter: „Aber doch nicht damit. Diese Steine sind zum Lernen da."
Kind: „Ich will aber jetzt bauen. Meine anderen Steine sind nicht so schön bunt."
Mutter: „Dann werde ich dir zeigen, wie man mit diesen Steinen spielen kann. Also, das kleine blaue Quadrat legst du zum großen blauen Quadrat ..."

Das Kind kümmert sich nicht um die Anweisungen der Mutter. Es baut eine Brücke und läßt nun die Kreise darüberrollen. Es freut sich über seine Erfindung und wiederholt den Vorgang immer wieder. Die Brücke fällt ein, es stellt die „Brückenpfeiler" wieder auf, rutscht sie diesmal weiter nach innen. Es setzt sein Spiel fort und läßt sich anfangs scheinbar durch die Mutter nicht irritieren.

Mutter: „Hörst du jetzt auf! Für solche Spielereien sind die logischen Blöcke zu teuer!!"

Sie rafft die Steine zusammen, räumt sie in den Kasten und stellt diesen auf den Schrank.

Mutter: „So, jetzt kannst du spielen."

Das Kind sitzt da und überlegt.

Das Kind hatte eine Reihe von Entdeckungen gemacht; es war ihm endlich gelungen, eine Brücke zu bauen, es ließ die Scheibe rollen. Jedoch hat es nach Meinung der Mutter einen grundlegenden Fehler gemacht. Es hat ein Spielmaterial gleichsam zweckentfremdet. Die Mutter duldet nicht das Experiment, sie hielt sich genau an die Beschreibung, an die Vorschläge des Materialeinsatzes. Das Kind wurde nicht nur in seiner experimentellen Aktivität eingeengt, sondern auch das schöpferische Spielen und somit seine Kreavititätsentfaltung wurden sehr stark beschnitten. Spiel ist eine Tätigkeit um ihrer selbst willen und ist der Arbeit des Erwachsenen gleichzusetzen. Maria Montessori schrieb deshalb der kindlichen „Arbeit" besondere Bedeutung zu.

Das freie Spiel des Kindes sollte kaum eingeschränkt werden; das Kind soll sich nur innerhalb der *gemeinsam* festgelegten Grenzen – räumlich, im Verhalten ... usw. – bewegen.

Spielmaterial

Nahezu alle Kinder haben viel zu viel Spielmaterial. Ankündigungen, daß ein neues Material besonders kreativitäts- und intelligenzfördernd sei, lockt Eltern und Erzieher zum Kauf. Oft stellt sich bereits kurze Zeit später heraus, daß die Erwartungen nicht erfüllt werden. Zuviel Material macht die Kinder unzufrieden; sie haben das Problem der Auswahl: Womit soll ich spielen? Auch läßt vorgefertigtes Material der Phantasie kaum noch Spielraum.

Im Zusammenhang mit der Diskussion um die Intelligenz- und Kreativitätsförderung wurde eine Vielfalt an Material entwickelt. Am bekanntesten dürften die sog. didaktischen Materialien sein. Bei ihnen wird von den Herstellern besonders auf die „Zunahme der Intelligenz" hingewiesen. So sollen meßbare Fortschritte beim Kind durch das Spiel mit diesem Material erreicht werden. Die Spielanleitung ist genau vorgegeben. Die Ziele, die angestrebt werden, gehören meist bereits in den Bereich der Schule und entbehren jeglichen spontanen Spielcharakters. Sie sind rein darauf ausgerichtet, bestimmte Ziele zu erreichen; man könnte das Material auch als Trainingsmittel bezeichnen. Die Übertragung auf die tägliche Umwelt des Kindes wird nur in den seltensten Fällen angestrebt. Beim Einsatz des Materials muß es zunächst vom Erzieher erklärt werden. Er muß also an der Stelle beginnen, an welcher der Einsatz des Materials enden sollte: Er muß erklären, was erreicht werden soll.

Dieses Verfahren wirkt sich nicht gerade fördernd auf die Entwicklung des Kindes aus, denn der Erzieher muß da sein; ohne ihn kann das Kind nicht mit dem Spiel beginnen. Der umgekehrte Weg – er wird später bei den Förderungsmöglichkeiten noch ausführlicher beschrieben – wäre günstiger. Man geht von der Zielvorstellung aus und entwickelt das Spiel gemeinsam mit dem Kind.

Wo bleibt die Spontanaktivität bei derartigen Materialien?

Ein Vater erzählt von der neuen Eisenbahn und von seiner Enttäuschung, daß sein Sohn so schnell das Interesse daran verloren hat. Es handelt sich in diesem Fall um ein sehr kreatives Kind. „Nur“ das Bedienen einiger Hebel war ihm zu wenig. Dieser Vater nahm an einem Elternabend teil, der zum Thema hatte: „Spiele aus Nichts“. Er entwickelte unheimliche Aktivitäten im Umgang mit dem wertlosen Material und verabschiedete sich mit den Worten: „Jetzt kann ich mein Kind verstehen. Was der alles sammelt! Da tun sich ja ungeahnte Möglichkeiten auf!“

Nun kann der Vorwurf gemacht werden, daß diese Vorgehensweise die Intelligenzentwicklung hemmen und die Kreativität überbewerten würde.

Betrachtet man aber das Zusammenspiel dieser beiden Faktoren, so wird man das gleich verneinen können. Es werden zwar Kreativ-Methoden angewandt, aber läßt sich nicht gerade mit diesen „neuen“ Methoden auch die Intelligenz fördern? Damit Spielmaterial die kindliche Entfaltung nicht hemmt, muß es dem Kind genügend Freiraum lassen. Materialien, die nicht spielerisch eingesetzt werden dürfen (vielleicht weil sie später in der Schule anders eingesetzt werden) oder solche, die die Spielfähigkeit des Kindes stark überfordern, sollten dem Kind nicht angeboten werden.

Geistige Behinderung als Hemmnis für die Intelligenz- und Kreativitätsförderung?

Gehen wir von der Tatsache aus, daß Intelligenz- und Kreativitätsförderung in einem engen Zusammenhang stehen, so müßten wir nun annehmen, daß bei einer geistigen Behinderung des Kindes eine Förderung in den beiden Bereichen nicht möglich sei bzw. nur insoweit, als das Kind bildungsfähig ist.

Der Intelligenz sind in diesen Fällen Grenzen gesetzt, darüber hinaus kann nur mechanisch eingeübt werden. Routinemäßig alltägliche Aktivitäten beherrscht das behinderte Kind, baut sie aber auch wieder ab, wenn das entsprechende Training nachläßt.

Anders verhält es sich meiner Meinung nach mit dem Bereich der Kreativität. Werden kreative Problemlösungen und kreative Aktivitäten hinsichtlich der Intelligenzentwicklung ausgewertet und werden die Arbeitsergebnisse hervorgehoben, dann könnte man berechtigterweise sagen, daß sich eine geistige Behinderung hemmend auf die Intelligenz- und Kreativitätsentwicklung auswirkt. Kreativität beim geistig behinderten Kind muß jedoch ganz anders gesehen werden. Erfolg und Zweck kreativer Handlungen dürfen überhaupt nicht berücksichtigt werden; Kreativität hat nur um ihrer selbst willen Bedeutung. So hat das Kind Freude an kreativem Tun, mag in seinem Tun auch vielleicht eine Leistung erkennen, aber in ganz anderem Sinn, als wir es tun. Betrachten wir Arbeitsprodukte aus kunstgewerblichen Werkstätten für geistig behinderte Kinder und Jugendliche, also freie Arbeiten, die nicht eintrainiert und routinemäßig durchgeführt wurden, so haben sie eine für uns ganz besondere Form von Originalität. Dieses mag in ihrer Zweckfreiheit liegen und an unserer Einstellung zum gestalterischen Bereich. Arbeiten, die uns begeistern, haben dem Kind bei der Herstellung sicherlich sehr viel Freude gemacht, z. B. der Umgang mit der Farbe, mit dem Ton ... usw. Es ist auch auf eine gewisse Art stolz, daß seine Arbeit vom Erwachsenen anerkannt wird, aber es kann seine „Fähigkeiten“ nicht abschätzen.

Eine geistige Behinderung des Kindes ist also nur begrenzt ein Hindernis für die schöpferische Entfaltung und Ausdrucksfähigkeit.

6 Sinnesschulung statt Vorschulmappen? Kreativitätsförderung statt Intelligenztraining?

Mit Hilfe des Mediums „Intelligenz-Trainingsmappen" soll die Intelligenz gefördert werden. Die Mehrzahl einer Gruppe befragter Lehrer sieht in den Mappen eine wirkliche Hilfe zur Intelligenzförderung. Dies mag teilweise Berechtigung haben, da das Kind mit ihrer Hilfe wirklich daran lernen wird, nur bleibt die Frage des Transfers in den Alltag des Kindes ungelöst. Bei wirklich ausgewogener, ganzheitlicher Förderung erübrigt sich die Arbeit mit den Mappen; man kann damit höchstens den Wissensstand des Kindes überprüfen. Will man diese Mappen wirklich gewinnbringend einsetzen, so setzt dieses beim Erzieher viel Einfallsreichtum, im weitesten Sinne also Kreativität voraus. In der Praxis sieht es so aus, daß sich die Erzieher mehr oder wenig freiwillig auf Wunsch der Eltern oder auf Veranlassung der Träger unter den Druck dieser Arbeitsblätter setzen lassen. Ein bestimmtes Pensum muß pro Woche bewältigt werden; es ist den Erziehern gleichgültig geworden, ob es nun in das Wochenthema paßt oder nicht.

Für mich taucht immer wieder der Verdacht auf, daß das Kind auf diese Weise fit gemacht werden soll für Schulreife- und Intelligenztests.

6.1 Ein Bericht aus der Praxis

Eine Mutter kam zu mir mit dem Vorwurf: „Es ist unmöglich, daß Sie nicht mit den Mappen arbeiten. Wenn mein Kind den Schultest nicht besteht!" Ich fühlte mich ziemlich in die Enge getrieben. Zum eigenen Studium hatte ich mir einige dieser Arbeitsunterlagen besorgt. Ich legte verschiedene Blätter am

Morgen auf den Tisch und wartete. Die Kinder kamen herein, orientierten sich im Raum und entdeckten die „Arbeitsbögen". Sie schauten sich die Darstellungen mit Gründlichkeit an, hatten schon nach kurzer Zeit einen Überblick gewonnen und begannen dann, das Blatt zu bearbeiten. Am Abend zeigte ich der Mutter die Arbeitsergebnisse und konnte sie wieder beruhigen.

In einer ganzheitlichen Förderung ist jedoch auch das enthalten, was derartige Materialien in Sondersituationen zu erreichen versuchen. Das wird an folgendem Erlebnis deutlich:

Ein Kind namens Peter besuchte 2 Jahre lang „meinen" Kindergarten. Seine Eltern zogen um und so wechselte es auch den Kindergarten.

Dort wurde mit den Mappen gearbeitet. Etwa ein halbes Jahr später besuchte es mich und erzählte davon. Ich war neugierig, was wirklich von Peter erfaßt worden war. So bat ich ihn, die Arbeitsblätter einer Kollegin zu erläutern, da sie ihr völlig unbekannt seien.

Blatt für Blatt nahm Peter sich vor und erklärte es. Jedesmal wenn der Transfer hergestellt werden sollte, scheiterte er jedoch. So konnte er 30 Sätze zu der Darstellung eines Wohnzimmers bilden, versagte aber bei der Aufgabe der Schilderung des Zimmers, in dem wir uns aufhielten. „Die Sätze haben wir doch nur zum Blatt gelernt!", war Peters Kommentar.

Ein weiteres Blatt zeigte einen Teil der Kücheneinrichtung. Unterschiedliche Herde mit verschiedener Anzahl von Knöpfen waren abgebildet. „Da muß man die heraussuchen, die gleich viele Pünkte haben", erklärte Peter. Ich wollte nun wissen, was das sei: „Pünkte". Ich erklärte, daß mir der Begriff Pünkte total unbekannt sei. Peter löste das ganz einfach: „Ich frage im Kindergarten und dann komme ich wieder mal zu dir und sage es dir."

Für mich wurde meine Entscheidung nur noch bekräftigt – niemals Mappen in der einseitigen Form. Glücklicherweise haben in der letzten Zeit die Intelligenz-Trainingsmappen wieder an Beliebtheit verloren, hat die ganzheitliche Förderung an Bedeutung zugenommen.

6.2 Methoden zum Training und zur Förderung kreativer Fertigkeiten

Kreativ-Methoden werden kaum mit der Förderung von Vorschulkindern in Bezug gebracht. Sie sind vorrangig dazu gedacht, dem Erwachsenen zu mehr Kreativität zu verhelfen, zumal diese in den meisten Fällen seit seiner Kindheit stark abgenommen hat.

Bei aller positiven Einstellung zur Kreativität darf man nicht außer acht lassen, daß Kreativ-Methoden in erster Linie zur Steigerung der Produktivität in Technik und Wirtschaft entwickelt wurden. Neue technische und wissenschaftliche Ideen sollten gefunden werden.

Begonnen wurde mit der wohl ältesten Technik zur Erzeugung von Ideen, dem Brainstorming nach Osborn (aus der Zeit der 40er Jahre).

Mein Tip: Alle nachfolgend beschriebenen Methoden lassen sich auch in der Arbeit mit Kindern anwenden!

Wählen Sie aus, probieren Sie, wandeln Sie Methoden ab usw. ...

Es wird Ihnen und Ihren Kindern Spaß machen!

Brainstorming

Das ursprüngliche Konzept des Brainstormings geht zurück auf Alex F. Osborn und wurde 1963 in dem Buch „Applied Imagination" veröffentlicht.

„Die Brainstorming-Sitzung soll aus zwei Phasen bestehen. In der ersten Phase werden Ideen unter Einhaltung folgender vier Spielregeln entwickelt:

- Jede Kritik ist verboten!
- Jede Idee ist willkommen!
- Soviel Ideen wie möglich!
- Die Weiterentwicklung von Ideen ist erwünscht.

In der zweiten Phase können die vorliegenden Ideen unter Verwendung einer Check-Liste verbessert und weitere Ideen hinzugefügt werden."

Betrachtet man diese 4 grundlegenden Spielregeln, so wird man sofort feststellen, welche Schwierigkeiten mit der Realisierung verbunden sein dürften.

Keine Kritik, viele Ideen, Ausflüge in Utopien – paßt dies alles in unsere heutige Gesellschaft, paßt es in das Grundkonzept unseres Kindergartenwesens oder in den Alltag der Schule? Kann bei den gegebenen Voraussetzungen die Methode des Brainstormings überhaupt angewandt werden? Fragen über Fragen tauchen auf. Ihre vollständige Beantwortung ist nahezu unmöglich.

Brainstorming heißt „Gehirnsturm“ und kann als die wohl effektivste Denkmethode bezeichnet werden.

Das Brainstorming in der Gruppe erfolgt in zwei Stufen:

Grünlichtstufe → Quantität kreativer Gedanken
Rotlichtstufe → Qualität kreativer Gedanken

Eine Problemstellung ist vorgegeben. Alle Gedanken der Teilnehmer zu dieser Problemstellung werden aufgeschrieben – ohne Kritik und ohne Wertung! Rollenzwänge fallen damit weg, Blamagen sind unmöglich.

Die Beiträge aus der Grünlichtstufe (vergleiche: „freie Fahrt“) werden dann in der Rotlichtstufe sortiert und analysiert. Auch wird überprüft, ob und wie sie realisierbar sind.

Auf der Rotlichtstufe erfolgt die kritische Auseinandersetzung mit dem Problem oder dem Thema; es kommt zur Diskussion.

Wie ausgezeichnet diese Methode im Bereich der vorschulischen Förderung einsetzbar ist, läßt sich am besten an einem Beispiel erläutern:

Thema: Regen

12 Kinder, Altersstufe 4 bis 6 Jahre

Im Rahmen eines Wochenthemas wurde das Wetter besprochen. Zum Thema Regen wurde die Methode des Brainstorming angewandt.

Erzieherin: „Regen. Es hat schon lange nicht mehr geregnet. Schade. Vielleicht regnet es bald. Wir wollen vom Regen sprechen und jetzt gibt es gar keinen Regen.

Ob wir gemeinsam überlegen können, was uns zum Regen einfällt?"

Kinder: „Regenschirm, Pfütze, Scheibenwischer, mein Mantel wurde vollgespritzt, Gummistiefel, Regenhut, Wiese mit Blumen, naß, Matsch ..." (Dauer der Grünlichtstufe 10 Minuten).

Alle Beiträge lassen sich hier nicht wiedergeben. Sie wurden von den Kindern soweit möglich an der Tafel dargestellt oder von der Erzieherin angeschrieben (und später in bildhafte Form übertragen).

Erzieherin: „Toll, was wir alles vom Regen wissen!"

Sofort kamen Einwände von den Kindern, daß manches nicht so ganz stimmen könne – wir waren also bereits mitten in der Rotlichtphase. Wir diskutierten am Thema Regen „entlang" und sortierten unsere Ideensammlung, wobei unzutreffende Darstellungen gestrichen wurden.

Die Kinder stellten fest, daß es Dinge gibt, die im Zusammenhang mit dem Regen Spaß machen und solche, die uns ärgern.

Wir bildeten zwei Gruppen, um Vor- und Nachteile des Regens zusammenzustellen. Die Ergebnisse hielten wir dann in einer Gemeinschaftsarbeit (zeichnerisch) fest.

Spaß	*Ärger*
Pfützenstapfen Steinchen in Pfützen werfen ... usw.	Man wird vom vorbeifahrenden Auto vollgespritzt. Man muß mit dem Regenschirm laufen ... usw.

(Dieses Brainstorming wurde von mir im Kindergarten durchgeführt.)

Weitere Erläuterungen sind nicht notwendig.
Probieren Sie es aus, Sie werden selbst viel Spaß dabei haben!

Halt, vielleicht sollte ich noch eine Idee für Sie aufschreiben. Legen Sie im Gruppenraum ein Buch auf den Tisch, dessen Thema Sie in der nächsten Zeit behandeln wollen.

Am Morgen kommen die Kinder in den Gruppenraum und sind erstaunt, das Buch vorzufinden. „Ihr könnt's euch ja mal anschauen!" Jetzt ist es Ihre Aufgabe, gut zuzuhören! Jetzt können Sie herausfinden, wo die Interessen der Kinder liegen, welches Wissen schon da ist. Sie werden überrascht sein!

Meine Bitte: Hören Sie nur zu! Verbessern Sie keine falschen Aussagen usw. ...

Der morphologische Kasten

Der morphologische Kasten ermöglicht es, vielfältig zu experimentieren. Der Aufbau kann im Anschluß an ein Brainstorming folgen. Der Ausgangspunkt ist immer ein Problem bzw. eine Aufgabe.

Ich möchte wiederum ein Beispiel aus dem Alltag des Kindergartens zur Verdeutlichung heranziehen.

Thema: Wir wollen Geräusche machen und auf gar keinen Fall herkömmliche Instrumente benützen.

Brainstorming: Geräusche

Aus den vielfältigen Beiträgen, die dann in der Rotlichtphase noch sortiert wurden, entstand der folgende morphologische Kasten zum Thema Geräusche:

	Holz- kochlöffel	Stricknadel	Metall- röhrchen	Hand
Holzklotz	groß	lang	lang	Fläche
leeres Glas	klein	kurz	kurz	Faust
Glas mit Wasser	leicht	aus Metall	dick	Fingerspit- zen
Blech- büchse	schwer	aus Holz	dünn	Ballen
Wasch- mitteltonne	mit Loch	aus Kunst- stoff	Eisen	Handrücken
Zeitung	ohne Loch	Kombinadel	Aluminium	hohle Hand

Wir hatten ein Karosystem auf den Boden gezeichnet und die einzelnen Gegenstände entsprechend der obigen Anordnung aufgestellt.

Halt, ich will Ihnen noch aufschreiben, wie jetzt die Geräusche produziert und die Kinder für die Klangunterschiede sensibilisiert wurden.

Also: Wir wollen Geräusche auf dem Holzklotz entwickeln.

Wir klopfen auf den Holzklotz:

- mit einem großen Holzkochlöffel,
- mit einem kleinen Holzkochlöffel,
- mit einem leichten Holzkochlöffel,
- mit einem schweren Holzkochlöffel,
- mit einem Holzkochlöffel mit Loch,
- mit einem Holzkochlöffel ohne Loch.

Haben wir uns alle Klänge gut gemerkt, so können wir daraus ein Hör-Ratespiel machen.

Dann klopfen wir auf den Holzklotz:

- mit einer langen Stricknadel,
- mit einer kurzen Stricknadel,
- mit einer Stricknadel aus Metall,

– mit einer Stricknadel aus Holz,
– mit einer Stricknadel aus Kunststoff
usw.

Sehen Sie die vielen Möglichkeiten?

Kein Wunder, daß die Kinder von der Fülle der Möglichkeiten begeistert waren. So kam es dazu, daß sich in den nächsten Tagen viele Kinder einen eigenen „morphologischen Kasten" bauten, um ungestört experimentieren zu können.

Ähnliche Experimente lassen sich zu Themen aus den verschiedensten Bereichen durchführen, z. B. im Bereich der Farben, mit verschiedenen Papieren oder feuchtem Papier usw.

Es gibt nur eine Möglichkeit:
Sie müssen es ausprobieren!

Vergleichendes Aufzählen – Aufzählen von Eigenschaften

Diese Methode hat vor allem Bedeutung für die Spracherziehung. Hier muß den meisten Erwachsenen der Vorwurf gemacht werden, daß ihr Sprachvorbild arm und wenig differenziert ist. Umschreibungen werden vermieden, eine knappe und präzise Ausdrucksweise wird praktiziert.

Machen wir den Versuch mit der Farbe Blau. Wer von uns Erwachsenen differenziert hier schon? Blau ist Blau. Aber Blau ist nun eben nicht Blau.

Blau ist: der Himmel, die Tinte, das Wasser, die Glockenblume, die Traube, die Zwetschge ...

Jetzt kann begonnen werden, die Bezeichnung *blau* differenziert einzusetzen, vergleichend anzuwenden.

Beispiel: Das Kleid ist himmelblau. Die Farbe gleicht der des Himmels ... usw.

Unsere Aufgabe: Kinder für Farbnuancen zu sensibilisieren.

Blau ist der Schmetterling,
blau sind die Zwetschgen am Baum ....

Was wäre, wenn ...

Dinge dürfen, ja sollten von Kindern verfremdet, anders angewandt, zweckentfremdet werden. Hier tun sich viele Möglichkeiten auf.

Wir können
- adaptieren (Was ist so ähnlich?)
- reduzieren (Kann man etwas wegnehmen, es kleiner machen?)
- rearrangieren (Kann man Dinge verdrehen, anders anordnen?)
- modifizieren (Kann man Farbe, Geruch ... verändern?)

Über Checklisten, die auf solche Weise erstellt werden können, sagt Davis:

„Ideenchecklisten dienen hauptsächlich zur Anregung originalen Denkens. Sie sind deshalb als Ergänzung, nicht als Ersatz für mehr intuitive Formen des kreativen Verhaltens gedacht.“

Irreale Vorstellungen dürfen ausgesprochen werden. Was wäre, wenn alle Autos statt einer Kühlerhaube ein Blumenbeet hätten? Solche oder ähnliche Themen bringen jedes Kind zu einer Reaktion. Hier einige Antworten: „Dann hätten wir weniger Dellen in den Autos, denn das Beet wäre weich. Das Auto würde immer wie ein Hochzeitsauto aussehen ...“ usw. Die Kinder haben ihre Ideen auch zeichnerisch festgehalten. Als Beispiel das „Schwimmfliegauto".

Bedauerlicherweise wird es Kindern kaum ermöglicht, solche phantasievollen, kreativen und lustigen Gedanken zu formulieren.

Je breiter die Sinnesschulung und die Fähigkeit zur Differenzierung im Vorschulalter ausgeprägt werden, desto mehr „Rücklagen" hat das Kind in der Schule, kann es auf die vielfältigen Erlebnisse und Erfahrungen zurückgreifen.

Die synektische Methode

Sie hat das Ziel, vertraute Dinge oder Begriffe zu verfremden und Fremdartiges vertraut zu machen. Dabei finden Metaphern und Gleichnisse aus der Natur häufig Anwendung. Die Bedeutung einzelner Wörter wird so umfassender, und neue Begriffe werden eröffnet.

Ich denke dabei an Beispiele wie:

Stuhl:	Sitzholz, Ausruheplatz, Sitzkasten
Vorhang:	Fensterzumacher, Sonnenverstecker, Dunkelmacher

Diese Aufschlüsselung kann zu neuen Erfindungen führen und so Hilfe zur Problemlösung sein.

Stuhl, Vorhang ... sind relativ abstrakt, nichtssagende Begriffe. Für das kindliche Verständnis sind die Eigenschaften und Nutzungsmöglichkeiten dieser Gegenstände viel bedeutsamer.

Sicher muß der Begriff auch erlernt werden, aber er darf nicht losgelöst werden von den Arten der Verwendung des jeweiligen Gegenstandes.

Der Gebrauch der Sinnesorgane – Gesteigerte Aufnahmefähigkeit

„Wie in der musischen Erziehung scheint die Förderung von Beobachtungs- und Wahrnehmungstechniken zum Programm einer Erziehung zu gehören, die mit der Diskriminierung von Objekten nicht nur einen abstrakten Erkennungswert verbindet, sondern ein ganzheitlich-synthetisches Interesse an der Zusammenfassung psychologisch-geistiger Kräfte. Die Entwicklung von Intellekt und Wissen wird von Wahrnehmungsrelationen abhängig gemacht, die durch die Sinne: Hören, Schmecken, Riechen, Fühlen, Muskelbewegung und Gleichgewichtserfahrung gewonnen werden.“ (Hundertmarck/Ulshoefer 1972)

Diese Aussage verdeutlicht, daß die Förderung im Bereich der Sinneswahrnehmung eine wichtige Grundlage, wenn nicht sogar eine unverzichtbare Voraussetzung für die Kreativitätsförderung ist.

Sinnesschulung und Kreativitätserziehung sind also inhaltlich eng miteinander verbunden.

Maria Montessori hat für den Bereich der Sinnesschulung besondere Arbeitsmaterialien entwickelt. Durch die Arbeit mit diesen Materialien soll das Kind lebenstüchtig werden; die Erfahrungen, die es im Umgang mit dem Material gemacht hat, soll es in die Alltagssituation transferieren.

Geschmacksübungen:	Erschmecken von Nahrungsmitteln aus der täglichen Umgebung.
Hörübungen:	Erkennen und Differenzieren von Geräuschen aus der direkten Umwelt oder aus bestimmten Bereichen.
Tastübungen:	Ertasten von Gegenständen aus der Umwelt des Kindes.
Sehübungen:	Differenzieren, Zuordnen und Beschreiben von Farben, Formen, Strukturen usw.
Bewegungsübungen:	Sicherheit in den Bewegungen durch Rhythmik, Turnen, freien Tanz und freie Körperbewegung, wobei dem Kind auch die Möglichkeit gegeben wird, zu sich selbst zu finden.

Leider werden diese Bereiche zugunsten der „Intelligenzförderung“ stark vernachlässigt. Sinnesübungen gelten häufig als Spielerei, weil ein meßbares Ergebnis scheinbar nicht vorhanden ist.

Daß Sinnesübungen schwerpunktmäßig viel mehr Beachtung finden müssen, das ist Ihnen längst bekannt. Aber ich sehe auch Ihr Problem: Wie sage ich's den Eltern? Wie kann ich Eltern bewußt machen, daß die Kinder auf diese Weise mehr lernen, selbst wenn die Methoden ganz andere sind? Da wird Ihnen ein Elternabend zum Thema „Sinnesschulung statt Vorschulmappen“ helfen. Sie werden Anregungen dazu in diesem Buch finden ...

6.3 Kreativitätsförderung als Methode der Intelligenzförderung

Analysiert man die verschiedenen Kreativ-Methoden, so kommt man zu dem Ergebnis, daß man sie auch zur Intelligenzförderung einsetzen kann. Am Beispiel des Brainstorming läßt sich dies sehr gut aufzeigen.

In der Grünlichtstufe werden viele Beiträge gesammelt, viele kreative Aussagen gemacht. In der darauffolgenden Rotlichtstufe muß nun die Intelligenz eingesetzt werden. Es ist nämlich zu ermitteln, was von den Beiträgen zur Problemlösung wirklich verwendbar ist. Hierbei wird in sehr hohem Maße die Intelligenz trainiert. Mit dem vorhandenen Wissen wird überprüft und verglichen, richtige Lösungen werden ausgewählt und geistig verarbeitet bzw. aufgearbeitet und gespeichert. Kreativ-Methoden sollten daher im Hinblick auf die Intelligenzförderung mehr Beachtung finden.

Wieder zeigt sich das Vorhandensein einer Beziehung zwischen Kreativität und Intelligenz, die immer in einem bestimmten variablen Verhältnis zueinander stehen. Der Anteil von Kreativität und Intelligenz in diesem Verhältnis verändert sich je nach Ausgangssituation, den Umweltgegebenheiten, spontan eintretenden Veränderungen ...

7 Ganzheitliche Förderung von Vorschulkindern

Bei den verschiedenen „Wellen" in der Frühpädagogik ist die ganzheitliche Erziehung lange Jahre vernachlässigt worden. So wurde Differenzierung modern: Je mehr Förderbereiche, desto besser. Der genau aufgegliederte Fächerkanon in der Grundschule reichte bis in den Kindergarten hinein.

Die neuen Lehrpläne gehen glücklicherweise jedoch wieder einen Schritt „rückwärts" und lösen sich von der zu starken Differenzierung zugunsten des „grundlegenden Unterrichts".

Eigentlich ist es erstaunlich, warum der Kindergarten diese Differenzierungswelle mitgemacht hat. Liegt es doch in der Natur des Kindes, daß es immer alles mit allen Sinnen wahrnehmen möchte: anfassen, riechen, schmekken, hören.

Bei der ganzheitlichen Förderung spielt eine besondere Rolle die Motivation.

7.1 Motivation

„Motivation ist eine für alles Lernen unabdingbare Voraussetzung des Lernens. Ohne Motivation gibt es weder ein Lernen nach der herkömmlichen Art, noch ein programmiertes Lernen." (Corell 1966)

Die Notwendigkeit der Motivation zeigt sich daran, daß bei mangelnder Motivation ein Leistungsabfall eintritt. Leider fehlt die Motivation häufig bei schulischem Lernen, was Ursache für manche schlechte Leistung ist.

Für das Kind im Vorschulalter hat Motivation eine noch viel größere Bedeutung. Erfolgserlebnisse wirken positiv auf das Lernen, auf das Verhalten in der Gruppe.

„Die Motivation kann entweder direkt sachlich ausgerichtet oder erst auf dem Umweg über den Lehrer auf die Sache bezogen sein. Sie kann also primär oder sekundär sein.“ (Corell 1966)

Es ist wichtig, daß die Motivation auf die Sache gerichtet und nicht an die Person des Lehrers oder des Erziehers gebunden ist. Sympathien und Antipathien gegenüber dem Erzieher können so nahezu als Beeinflussungsfaktor ausgeschaltet werden. So ist z.B. eine Motivation, die vom Material ausgeht, sachlich und präzise (vgl. Montessori-Material). Eine derartige Motivation löst beim Kind Aktivitäten aus, es kommt zum selbständigen, zum entdeckenden Lernen – „Learning by experience“ oder „Learning by doing“.

7.2 Frage – Antwort

Die amerikanische Autorin Ruth Strang schreibt in ihrem Buch „Wie Sie Ihrem Kind helfen können, seine Fähigkeiten zu entwickeln“:

„Eltern und Erzieher haben viele Gelegenheiten, das Kind zu kreativem Tun zu ermutigen, und zwar in ganz alltäglichen Situationen.

Statt dem Kind die Antwort zu sagen, können sie ihm Fragen stellen und ihm damit helfen, die Antwort selbst zu finden.

Viele Erzieher machen es sich zur Gewohnheit, die Kinder gezielt zu fragen, und bestehen darauf, eine direkte Antwort zu bekommen.

In vielen Fällen gibt es aber nicht nur *eine* richtige Antwort, sondern viele. Die Aufgabe von Eltern und Erziehern muß es demnach sein, dem Kind Lernmöglichkeiten zu eröffnen und ihm Freiraum für eigene Entdeckungen zu lassen. Kinder müssen ermutigt werden, Antworten auf ihre Fragen auch teilweise selbst zu suchen.“

Hilfreich ist es, wenn der Erwachsene dem Kind sagt, daß es nicht auf jede Frage eine Antwort gibt oder geben kann.

Was oder inwieweit ich bei dem Kind etwas erreiche, ist ganz allein abhängig von der Fragestellung des Kindes und der Form der eigenen Antwort. Schlechthin kann man sagen, daß das Fragen für Eltern und Erzieher etwas recht Unbequemes ist, zumal gerade die Fragen im Vorschulalter von einer „direkten Naivität" sind. Der Erwachsene macht sich die Beantwortung meist selbst schwer und erreicht trotzdem nicht immer die volle Zufriedenheit des Kindes. Dem Erzieher ist es oft nicht bewußt, daß in der Art seiner Fragestellung an das Kind bzw. in seiner Antwort auf die kindliche Frage die Ursache für eine von ihm nicht erwartete Reaktion des Kindes liegt. Dies läßt sich wiederum an Beispielen verdeutlichen:

Situation: Spaziergang

Erzieher: „Gehen wir spazieren?"	*Kind:* „Ja" (Nein)
Erzieher: „Ist das heute ein tolles Wetter. Was wollen wir machen?"	*Kind:* „Oh, wir gehen raus. Wir können im Sand spielen. Oder, gehen wir zum Botanischen Garten?"
Erzieher: „Ich freu' mich auf einen Spaziergang. Wir waren schon lange nicht mehr im Botanischen Garten."	*Kind:* „Juchuh, wir gehen in den Botanischen Garten. Ob die Seerosen blühen? Meinst du, der riesige Baumkaktus hat immer noch so viele Blüten ...?"

Durch Fragen wird das Kind motiviert, sich zu äußern; es wird zum Sprechen und zu eigenen Entscheidungen und Ideen veranlaßt.

Vielleicht hatte die Erzieherin den Baumkaktus mit den vielen Blüten schon vergessen, oder er war für sie gar nicht so beeindruckend gewesen!

Verstehen Sie jetzt, warum ich Sie schon mehrfach gebeten habe zu warten, Geduld zu haben mit dem Kind. Nicht nur, was wir wollen, was wir dem Kind vermitteln möchten, ist wichtig! Wir müssen auch wissen, was das Kind will und wo seine Interessen und Fragen liegen.

Unsere Fragen dürfen nicht die Fragen des Kindes werden. Viel zu oft wollen wir Erzieher nämlich Antworten auf unsere Fragen. Das Kind wartet währenddessen vergeblich auf die Beantwortung seiner Frage.

Was geschieht, wenn sich der Erzieher vor der Antwort „drückt"?

Er will nicht zugeben, daß er etwas nicht weiß, oder fühlt sich durch die direkte Fragestellung peinlich berührt und in die Enge getrieben. Warum kann man als Erzieher nicht zu der Freiheit gelangen, zuzugeben, daß es eine Reihe von Fragen gibt, die man nicht beantworten kann? Das Kind zeigt hierfür vollstes Verständnis.

Wie wenig wir alle „wissen" und wie schwierig es ist, befriedigende Antworten zu geben, zeigt das Warum-Spiel. Ich habe es auch bei Schülerinnen der Fachakademie für Sozialpädagogik im Kreis der Eltern ... usw. eingesetzt.

Spiel: 2 Partner unterhalten sich. Der eine fragt, der andere antwortet. Es darf so lange gefragt werden, bis die Antwort keine neue Fragestellung mehr zuläßt.

Warum ist es notwendig, daß es regnet? – Damit die Erde naß wird.||Warum muß die Erde naß werden? – Damit wir Grundwasser bekommen.||Warum brauchen wir Grundwasser? – Damit wir Brunnen bohren können.||Warum brauchen wir Brunnen? – Damit wir Wasser haben.||Warum brauchen wir Wasser? – Wir brauchen es z. B. zum Waschen.||Warum zum Waschen? – Damit sich die Seife lösen kann und der Schmutz aus der Wäsche geht ... So geht es weiter und weiter.

Man wird dieses Spiel sicherlich als eine Kreativ-Methode bezeichnen, doch es ist nur unter Verwendung unserer Intelligenz durchführbar. Es macht Kindern wie Erwachsenen gleichermaßen Spaß und ist eine gute Förderungsmaßnahme.

Das Kind lernt durch Fragen. Fragen dürfen daher niemals unterbunden werden; das Kind muß vielmehr zum Fragen motiviert werden.

7.3 Partnerschaftliche Anerkennung

Das Kind nimmt vom Erzieher nur etwas an, wenn es auch von diesem anerkannt wird. Es will und soll als vollwertiger Mensch gesehen werden und nicht als das kleine Kind – weggeschoben mit Worten wie: „Das verstehst du noch nicht!“

Ein Kind versteht nahezu alles, wenn es ihm auf kindgemäße Weise nahegebracht wird.

Das Kind muß empfinden, daß es im Erwachsenen einen Partner hat, der es am eigenen Leben teilhaben läßt.

Vielfach hört man, daß Kinder nicht mit Alltagssorgen belastet werden sollen. Ich bin aufgrund meiner praktischen Erfahrung in der Kindergruppe der Meinung, daß man mit Kindern auch darüber sprechen sollte. Die Belastbarkeit des Kindes muß dabei allerdings berücksichtigt werden.

Kinder merken sofort, wenn sich das Verhalten des Erziehers stark verändert. Es ist deshalb wichtig, ihm zu sagen, warum man sich so anders verhält. Das Kind wird dann Verständnis für die eigene Situation aufbringen und nicht enttäuscht sein.

Auch bei der Verteilung von Aufgaben ist das Kind als wirklicher Partner anzuerkennen.

Das Kind hat so die Möglichkeit, in seine Rollen hineinzuwachsen; es gelangt zu Selbstvertrauen und entwickelt Sicherheit und Selbständigkeit.

7.4 Freiheit – Zeit

Damit das Kind zu seiner vollen Entfaltung gelangen kann, bedarf es eines gewissen Maßes an Freiheit.

Es braucht die Freiheit, um zu eigenen Gedanken fähig zu werden. Parallel dazu benötigt es Zeit. Kindliche Denkleistungen oder manuelle Tätigkeiten lassen sich nicht in einen vorgegebenen Zeitraum pressen. Damit angestrebte Ziele erreicht werden können, muß Zeit und Freiheit vorhanden sein bzw. dem Kind eingeräumt werden. Streß, Hetze und Eile wirken nicht förderlich auf die kindliche Entfaltung.

Leider wird der Begriff der Freiheit häufig mit Zügellosigkeit gleichgesetzt. Dann wird Freiheit falsch verstanden. Es müssen auch Grenzen gesetzt und Verhaltenskonsequenzen aufgezeigt werden. Das Kind braucht diese Grenzen, um zu eigener Festigkeit zu gelangen. Der Freiheitsraum muß dem Alter des Kindes und seiner Entwicklung entsprechen – dann wird das Kind sinnvoll gefordert, aber nicht überfordert.

Aktivitäten mit Kindern werden besonders in der sozialpädagogischen Ausbildung auf ein bestimmtes Zeitmaß beschränkt. Der Grund liegt darin, daß zu viele Schüler auf zu wenige (Übungs-) Kindergruppen kommen. So wird für eine Beschäftigung mit Vorschulkindern in der Regel eine Zeitspanne von 20–30 Minuten angesetzt. In der praktischen Durchführung ist das unmöglich, da auch der beste Erzieher nicht vorhersagen kann, ob das Thema die Kinder anspricht und wie stark sie zur Mitarbeit motiviert werden. Das Maß an Freiheit und das Maß an Zeit müssen daher stets flexibel gehandhabt werden.

7.5 Die Gruppe – Integration von divergentem und kreativem Denken

„... es muß der Standpunkt vertreten werden, daß das kreative Denken nur in der Integration mit dem konvergenten Denken sich als für die Gesellschaft/Gruppe nützlich und realitätsbezogen erweist. Nicht der Gammler oder der Playboy sind schöpferische Menschen, denen ein Höchstmaß von Freiheit und Freizeit zur Verfügung steht, sondern diejenigen, deren Denken sich als flexibel erweist zwischen harter Denkanstrengung und der für den schöpferischen Einfall notwendigen Muße. Erst die schöpferische Balance, die Kontrapunktik von Disziplin und freiem Einfall, von konzentrierter Elaboration und produktiver Phantasie, von Logik und Assoziation, von Kritik und Kritik der Kritik, von Arbeitshaltung und Spielhaltung, von angespannter Aktivität und meditierender Reflexion kennzeichnet die schöpferische Persönlichkeit." (Heinelt 1974)

Um innerhalb einer Gruppe zu effektiven Ergebnissen zu kommen, müssen gruppendynamische Prozesse ausgelöst werden. Die Gruppe muß gemeinsam an die Aufgaben herangehen, da im Zusammenspiel der verschiedenen Beiträge die Lösungsfindung gesichert ist. So ist die ganzheitliche Förderung im Kindergarten – im Gegensatz zur Schule – stark gruppenbezogen, da Einzelleistungen keine überragende Rolle spielen. Im Gegensatz dazu steht das Verhalten des Kindes innerhalb der Schulklasse. Hier ist es sehr egozentrisch und überwiegend auf die eigene Person bezogen.

Im Gruppenprozeß soll es bei der Problemlösung zur Integration von divergentem und konvergentem Denken kommen (vgl. S. 26ff.). Damit ist eine Grundlage für die frühkindliche Förderung in der Kindergarten- oder Vorschulgruppe gegeben.

7.6 Wahrnehmung – Lernen am Modell

Lernen am Modell ist ein Schlagwort in der Pädagogik. Lernen am Modell steht in engem Zusammenhang mit Wahrnehmung. So ahmt das Kind Verhaltensweisen nach, die es wahrgenommen hat. Zu differenzierter Wahrnehmung bedarf es außerordentlich hoher Sensibilität.

Machen Sie eben folgenden Versuch:

Was hören Sie im Raum? Das Radio läuft, die Kirchturmuhr schlägt ...

Jetzt schließen Sie die Augen; lauschen Sie erst in sich hinein, dann nach draußen.

Trotz des vorbeiflutenden Verkehrs hören Sie auf einmal auch den Vogel, den Wind in den Ästen des Baumes ...

Ebenso geht es mit dem Sehen. Nehmen Sie einen Stein. Es ist ein Stein. Holen Sie eine Lupe. Es ist noch immer ein Stein, aber ein Stein, der lebt. Flüsse, Gräben, Gebirge sind zu erkennen. Und, wenn Sie die Lupe bewegen ...

So braucht das Kind viele Gelegenheiten, um wahrnehmen zu lernen.

Wir können es auffordern: „Horch mal ...“ „Schau mal ...“

Wir sagen ihm dabei nicht, was es hören oder sehen soll. Vielleicht entdeckt es mehr und anderes, als wir erwartet haben.

So wie das Kind Gegenstände, Natur, Vorgänge, Geräusche ... wahrnimmt, hat es auch Acht auf unsere Verhaltensweisen und ahmt uns nach.

Wie oft kritisieren die Erwachsenen das kindliche Verhalten – und dabei ist es doch ihr Verhalten. Nur sie haben es noch nicht wahrgenommen!

8 Elternarbeit

Die meisten Eltern sind an der Förderung ihrer Kinder interessiert. Sie schrecken vor Neuerungen zurück, sofern sie sich nicht als direktes Ergebnis einen Leistungszuwachs versprechen.

Dies ist nicht selten in reiner Unwissenheit begründet, es fehlt die notwendige Aufklärung durch die Erzieherin.

Sollen also die Fähigkeiten des Kindes auf dem Gebiet der Kreativität und Intelligenz gezielt gefördert werden, so ist dafür kein fertiges Programm notwendig. Darüber müssen aber die Eltern aufgeklärt werden. Leider kommt es oft nicht dazu.

Kreative Elternarbeit verlangt vom Erzieher zusätzliche Fachkenntnisse in bezug auf den Umgang mit Erwachsenengruppen, denn es ist nicht damit getan, die Eltern allein durch wohlklingende Vorträge über die Arbeitsweise in den Kindergruppen zu informieren. Vielmehr sollen sich die Eltern in den Erwachsenengruppen über die aus der Arbeitsweise der Kindergruppe resultierenden Probleme unterhalten und versuchen, sie mit Hilfe des „Kreativ-Erziehers“ zu lösen. Auf keinen Fall darf der „Kreativ-Erzieher“ in den Erwachsenengruppen Charakter- und Verhaltensanalysen über einzelne Kinder abgeben ...

Der Erzieher muß sich vor allem auch mit der Frage beschäftigen, wie er die wegbleibenden Eltern erreichen kann. Ursachen können Gleichgültigkeit, Desinteresse, unbewußte Widerstände, Angst und Unsicherheit sein. Regelmäßig erscheinende Elternbriefe sind nur teilweise ein Ersatz.

Aber auch für die Erzieher ist der Bereich der Elternarbeit mit Widerständen, Unsicherheit und Angst belastet: Werde ich den Eltern vermitteln können, was unsere Arbeit im Kindergarten bedeutet? Wie berichte ich von Schwierigkeiten mit den Kindern? Wie sage ich ihnen, daß sie ihre Kinder ein bißchen von der Alltagshetze abschirmen müssen? Finde ich die richtige Sprache?

Die Eltern sind doch so unterschiedlich, wie soll ich sie alle unter einen Hut bringen? Diese und noch viel mehr Fragen tauchen auf.

Vielleicht können die folgenden Gedanken Ihnen die Planung und Realisierung der Elternarbeit etwas erleichtern und dazu führen, daß Eltern und Erzieher Partner werden und gemeinsam im und am Kindergartenalltag arbeiten:

- Zuerst ist eine Information der Eltern notwendig, z. B. ein kurzes Einführungsreferat über die Aufgaben und Möglichkeiten des Kindergartens, über die sozialpädagogische Ausbildung, über Räume und vorhandenes Material.
- Im zweiten Schritt muß bei den Eltern das rechte Spielverständnis geweckt werden. So sollten Eltern mit dem Material ihrer Kinder spielen und die Schwierigkeiten der Materialien kennenlernen.
- Eltern erleben das Spiel ihres Kindes, indem sie am Kindergartenalltag teilnehmen; sie verbringen hin und wieder einen Tag im Kindergarten.
- Dem Kindergarten eigene Methoden und Fragen des Konzeptes werden gemeinsam erörtert. Es kann auch die Frage behandelt werden, in welcher Form Elternarbeit betrieben werden soll. Dies führte in meiner Tätigkeit dazu, daß die Eltern mehr praktische Informationen wünschten, experimentieren und vor allem Gruppenarbeit wollten – Gespräche, nicht Referenten und lange Vorträge.

- Es werden gemeinsam Arbeitspläne entwickelt, wobei die meist nur knapp formulierten Wochenpläne für die Eltern aufgeschlüsselt werden.
- Eltern, und nicht nur die Vertreter der Elternschaft (der Elternbeirat), beteiligen sich an der Organisation des Kindergartens. Sie arbeiten bei der Vorbereitung und Durchführung von Veranstaltungen mit, organisieren Ausflüge, Wanderungen und evtl. gemeinsame Wochenenden. Hierbei kommen sich Eltern und Erzieher näher; vor allem aber entwickelt sich ein gegenseitiges Problemverständnis (Familienwochenenden haben sich als eine großartige Methode erwiesen, sie sollten gerade in Problem-Kindergärten verstärkt angeboten werden).

Die Reihe der Überlegungen für die Elternarbeit läßt sich nahezu unbegrenzt fortsetzen. Oft fehlt – besonders der jungen Erzieherin – die Kenntnis über die verschiedenen möglichen Maßnahmen, da diese in der Ausbildung nicht ausführlich behandelt werden können.

Vgl. Christine Merz, Im Kontakt mit Eltern. Ratschläge für die Elternarbeit. Reihe: Praxisbuch Kindergarten, Verlag Herder, Freiburg – Norbert Huppertz, Elternarbeit vom Kindergarten aus. Herderbücherei Nr. 9011.

Zwischenbemerkung

Und jetzt wird es für Sie wieder ganz praktisch.

In diesem letzten Teil des Buches finden Sie Anregungen „FÜR DIE PRAXIS AUS DER PRAXIS“.

Verstehen Sie die nachfolgenden Vorschläge als Angebot.

Sie sollen diese nicht kopieren, sondern die Elemente herauslösen, die für Ihre Situation passend sind.

Und sollte Ihnen etwas zu wenig klar oder zu knapp behandelt worden sein, dann schlagen Sie auf den vorderen Seiten des Buches nach.

9

Elternabend zum Thema „Sinnesschulung statt Vorschulmappen“

In meiner praktischen Kindergartenarbeit habe ich immer die Eltern in das Geschehen im Kindergarten eingebunden. Eine Diskussion um Vorschulmappen hat es kaum gegeben, die Eltern zogen die Vielfalt der Beschäftigungsmöglichkeiten der Monotonie von Arbeitsblättern vor.

Hin und wieder kam eine Mutter zur Anmeldung mit der Frage:

„Machen Sie Vorschulerziehung?“
Ich antwortete mit „Ja“.
„Und welche Mappe verwenden Sie?“
Ich antwortete: „Keine!“

Viele Eltern meldeten daraufhin ihr Kind nicht an, andere erbaten sich Bedenkzeit (schauten sich erst in den Nachbarkindergärten um) und kamen dann doch zurück.

Den Elternabend „Sinnesschulung statt Vorschulmappen“ entwickelte ich daher erst während meiner Tätigkeit als Fachberaterin.

In den Kindergärten „predigte“ ich gegen die Vorschulmappen.

Die Erzieher zogen sich daraufhin meist auf die Position zurück: „... aber die Eltern wollen es, ... die Kinder finden es nicht so schön, ... aber wie sollen wir den Eltern, dem Träger, der Schule sonst nachweisen, was wir machen, ... was schaden so ein paar Blätter, ...“ usw.

So versuchte ich bei Beratungen zu erklären, daß sich das Lernen der Vorschulkinder an konkreten Dingen ausrichtet. Das Kind will Gegenstände, Dinge aus der Natur usw. mit allen Sinnen wahrnehmen, also anfassen, riechen, schmecken, sehen (im Sinne der Geschichte „Über das Begreifen“ im Anhang dieses Buches).

Vorschulblätter sind hingegen abstrakt.

Das Kind muß also den konkreten Gegenstand schon abstrahieren können, sonst kann es ihn auf dem Blatt nicht wiedererkennen.

Ich redete und redete und merkte, daß man über Sinneserfahrungen besser nicht reden sollte – man muß sie erfahrbar machen. Eine Gelegenheit dazu ergab sich, als mich eine Erzieherin um Gestaltung eines Elternabends zur Abschaffung der Mappen bat.

Wie habe ich mich vorbereitet?

Aus dem großen Angebot von Vorschulblättern habe ich 10 ausgewählt, kopiert und in Zehnerpäckchen sortiert. Viele der Blätter enthielten Inhalte aus dem 1. und 2. Grundschuljahr oder waren sachlich unrichtig (die Kinder haben dies festgestellt, die Erwachsenen nicht!).

Als nächstes spazierte ich über den Markt und kaufte Gemüse, in 100-g-Mengen: besonders schön geformte Kartoffeln und Mohrrüben, Rosenkohl, Petersilienwurzeln, Sellerie, Äpfel, getrocknete Äpfel, Pflaumen, Backpflaumen usw.

Dann rief ich im Kindergarten an, um mit der Leiterin noch einiges zu besprechen. Der Kindergartenelternabend sollte im Gasthaus stattfinden. Spontan sage ich unter diesen Umständen ab – entweder im Kindergarten oder gar nicht. Die Eltern sollten doch die Atmosphäre des Kindergartens mit all seinen Anregungen erspüren!

So fand der Elternabend in den Räumen des Kindergartens statt.

In einem Raum hatte ich auf den Tischen die Arbeitsblätter verteilt. Im zweiten Raum gab es kleine Tische mit verschiedenen Angeboten: Obst und Trockenobst, verschiedene Gemüse, verschiedene Nüsse, abgeblühte Blumen, Wasserfarbkästen mit Pinsel, Papier und Schwamm, Teller und Küchenmesser.

Nach der Begrüßung der Eltern forderte ich zur Bildung von zwei Gruppen auf. Da alle zu den Arbeitsblättern wollten, mußte ich trennen. Zur Gruppe mit den Arbeitsblättern schickte ich die Leiterin und den Pfarrer. Begeistert stürzten sich die Eltern auf die Blätter, begannen anzukreuzen, auszumalen, auszuschneiden. Einige verstanden die Aufgabe nicht oder machten sie komplizierter als vorgesehen.

Im anderen Raum war zuerst Stille. Auf allen Gesichtern stand die Frage: „Was sollen wir mit dem Zeug machen?“

So ermunterte ich die Eltern, die Sachen einfach anzufassen, zu riechen, zu schmecken. Dann sollten sie festhalten, was sie entdecken würden. Jede Wahrnehmung sollte verbal ausgedrückt werden. Da fehlten die Worte!

Bald jedoch lachten und redeten diese Eltern durcheinander, hatten viel Spaß, entwickelten Geschmacks- und Riechspiele, ließen die Farbe über nasses Papier laufen, mit einer anderen Farbe zusammenfließen und jauchzten, wenn so eine neue Farbe entstand.

Ich pendelte zwischen den beiden Räumen hin und her. Bei den Mappen war Unruhe und Unmut aufgekommen. Ich beruhigte die Teilnehmer, gab ihnen Malpapier und bat sie, doch noch ein bißchen zu zeichnen.

Nach 30 Minuten forderte ich die „Natur-Gruppe“ auf, ihre Übungen zu beenden. Es war, als hätte ich Kinder vor mir. „Nee, doch jetzt noch nicht, ich will das auch noch ausprobieren ...“. Aber sie mußten leider aufhören.

Nun trafen beide Gruppen wieder zusammen. Kaum konnte ich ihren Redefluß stoppen. Sie mußten – so gehörte es in mein Programm – mit ihren Gruppenberichten noch 10 Minuten warten.

Ganz kurz referierte ich über die Entstehung der Vorschulmappen, über den Sputnikschock usw. Dann folgte ein kurzer Einblick in die Sinnesschulung unter Berücksichtigung der Methoden von Maria Montessori.

Alles wurde ganz kurz und knapp gehalten. Eigentlich wollte ich damit nur erreichen, daß Freude und Ärger der beiden Gruppen etwas gedämpft wurden.

Die „Mappen-Gruppe“ berichtete über ihre erfolgreiche Arbeit. Sie sagten, daß es interessant gewesen sei, jedoch auch sehr trocken und abstrakt. Die Freude hätte zudem mit der Zahl der Blätter abgenommen.

Dann berichtete die „Natur-Gruppe“.

Nach 20 Minuten habe ich den Bericht abgebrochen.

Die Elterngruppe mit den Arbeitsblättern fühlte sich benachteiligt, „um das Erlebnis betrogen“, wie ein Vater sagte.

Das Ziel, das ich mir für den Elternabend gesteckt hatte, war erreicht. Ich las noch die Geschichte von Martin Hausmann „Über das Begreifen“ vor, dann stimmten wir über die Verwendung von Arbeitsblättern ab. Das Interesse an Förderung durch dieselben war verschwunden.

Zu der beschriebenen Art der Sinnesschulung können wir uns durch ein Wort von Bernhard von Clairvaux führen lassen:

„Ich habe es erfahren, glaub es mir: In den Wäldern findest du mehr als in den Büchern. Holz und Steine werden dich über Dinge belehren, von denen du bei den Lehrern nichts hören kannst."

Auch die Zeilen von Ralph Waldo Emerson mögen uns zur Sinnesschulung anregen:

„Um die Wahrheit zu sagen, nur wenige Erwachsene sind imstande, die Natur zu sehen. Die meisten sehen die Sonne nicht. Zumindest verharrt ihr Sehen an der Oberfläche.

Die Sonne erhellt nur das Auge des Mannes, aber in das Auge und das Herz des Kindes strömt sie hinein.

Wer die Natur liebt, dessen innere und äußere Sinne stehen noch wahrhaft miteinander in Einklang; er hat sich den Geist der Kindheit bis ins Mannesalter bewahrt. Sein Umgang mit Himmel und Erde wird Teil seiner täglichen Nahrung."

Vielleicht können Sie einen dieser Sätze als Einstieg in den nächsten Elternabend verwenden?

Aber denken Sie daran, über Sinneserfahrungen und Sinnesschulung sollte man nicht nur reden, man muß es tun! Warum machen Sie nicht an einem Elternabend die gleichen Übungen mit den Eltern wie zuvor mit den Kindern. Nur so können Eltern erfahren und erleben, welche Fähigkeiten und welch sensible Wahrnehmung ihre Kinder haben. Vielleicht finden Sie dann auch den neuen Weg von der rein kognitiven Förderung zur ...?

Im übrigen, je weniger Sie an diesem Elternabend selbst sprechen, desto besser!

Noch eine kleine Anmerkung: Diesen Elternabend habe ich in der Zwischenzeit ca. 25mal in Kindergärten und bei ebenso vielen Fortbildungen für Erzieher durchgeführt.

Die Erzieher versicherten mir, daß die eigene Erfahrung für sie am wichtigsten gewesen sei. Viele boten den Elternabend mit Erfolg in ihrem Kindergarten an.

10 Mit Kinderaugen sehen, oder: Von der Elementarisierung von Inhalten im Gespräch mit dem Kind

Es wird immer wieder von Kreativitäts- und Intelligenzförderung gesprochen, es wird ständig nach neuen Möglichkeiten geforscht. Ganz naheliegende Aspekte werden aber übersehen:

Es handelt sich dabei um die Elementarisierung des eigenen Wissens, dem dann der Transfer auf die Ebene des Kindes folgen kann. Geschieht dieses nicht, geht die Planung leider am Kind vorbei.

Erzieher gehen davon aus, daß das Kind vieles nicht verstehen kann, vieles sei noch so schwierig zu erfassen für das Vorschulkind. Ich behaupte, daß alles erklärbar und nichts zu schwierig ist, wenn man es den Bedürfnissen und dem Auffassungsvermögen des Kindes anpaßt.

Ein Beispiel: Die Aufgabe einer Schülerin an der Fachakademie war es, die Klasse so über die Sonnenblume zu informieren, daß sich ein Sachgespräch mit einer Kindergruppe darauf aufbauen ließe. Das Referat enthielt viele Details und ähnelte dem Bericht eines Botanikers. Auch mir blieb einiges unverständlich.

Ich versuchte, die Klasse durch Rückfragen darauf aufmerksam zu machen, daß es zu keiner Elementarisierung des Stoffes gekommen war, daß deshalb die vorgetragene Information nur bruchteilhaft an das Kind weitergegeben werden könnte und daß für das Kind wichtige Aussagen gänzlich fehlen würden. So fragte ich sie: „Warum hat die Sonnenblume so herrlich gelbe Blütenblätter?“ „Warum hängen ihre Blätter alle in einer Linie nach unten?“ „Warum senkt sie ihren Blütenkorb?“ ... usw.

Die Beantwortung solcher und ähnlicher Fragen machte den Schülern Schwierigkeiten. Das ist verständlich, denn den zukünftigen Erziehern fehlte die eigene Beobachtung, die konkrete Erfahrung mit der Sonnenblume.

Der Erwachsene verfügt über viel Information und Sachwissen, doch fehlt die methodische Aufarbeitung und damit der Transfer auf die Gruppe der Vorschulkinder. So kommt es häufiger zu einer Überforderung der Kinder als zu einer Förderung.

Was interessiert nun die Kinder an der Sonnenblume bzw. worauf sollte ich sie als Erzieher aufmerksam machen?

- auf die gelben Scheinblüten, welche die Insekten anlocken. Die vielen kleinen Blüten – jede bestäubte Blüte ergibt später einen Sonnenblumenkern – wirken hingegen unscheinbar. Die kleinen Blüten betrachtet man am besten mit einer Lupe, dann kann man ihre Schönheit entdecken.
- darauf, daß die Sonnenblume ihr Haupt senkt. So schützt der Blütenboden wie ein Schirm vor Regen, können die Samen reifen und trocknen. Darum sieht man manchmal auch den Blütenkorb mit einem Tuch umspannt. Es fängt die trockenen Körner auf, wenn sie herausfallen.
- darauf, daß der Stengel hohl ist und wichtige Stabilisatoren hat. Dadurch wird die Sonnenblume vor dem Abbrechen geschützt.
- darauf, daß die Blätter der Sonnenblume kreuzweise übereinander angeordnet sind. Hält man einen Stock daneben, so berühren die Blattspitzen das Holz. Wenn wir mit einer Gießkanne oder dem Gartenschlauch die Pflanze von oben begießen, tropft hier das Wasser von den oberen Blättern auf die darunterliegenden – wie bei einem Brunnen das Wasser von Schale zu Schale läuft.
  Und wenn man jetzt die Sonnenblume vorsichtig ausgräbt und ihre Wurzeln freilegt, dann setzt sich die Linie von den Blattspitzen zu den äußersten Wurzeln fort.
  So gelangt das Wasser immer genau an die Stelle, von der aus es am besten von der Pflanze aufgenommen werden kann. Ein Wunderwerk der Wasserversorgung.

Haben Sie auf diese Weise schon einmal mit den Kindern über die Sonnenblume gesprochen? Stecken Sie Sonnenblumenkerne an einem geschützten Fleck im Garten. Die Kinder werden beobachten und mehr sehen, als wir vermuten.

Wie kann es uns gelingen, diese geforderte Elementarisierung zu erreichen? Wir brauchen dazu all jene Fähigkeiten, die an einer anderen Stelle dieses Buches unter dem Begriff kreative Fähigkeiten und Fertigkeiten sowie kreative Methoden aufgeführt worden sind (vgl. S. 65 ff).

Es ist für uns ein wichtiger Lernprozeß, wenn wir uns die „Methode der Elementarisierung“ aneignen, da wir es in erster Linie gewohnt sind, abfragbares Wissen aufzunehmen. Auch haben wir selbst zu wenig Erfahrungslernen erlebt. Man gab uns zu wenig Zeit. Deshalb: Geben wir den Kindern Zeit und Freiheit für die Beobachtung, für das Experiment, eben für die eigene Erfahrung!

Anhand eines Protokolls einer Kinderbeschäftigung läßt sich die Elementarisierung nochmals darstellen:

„Gruppe von 12 Vorschulkindern, 1 Erzieherin, 1 Praktikantin.

Thema: Experimente zum Thema Ei

Die Kinder sitzen um einen Tisch. Auf dem Tisch steht ein Korb, er ist zugedeckt. Die Kinder machen sich Gedanken über den möglichen Inhalt. Matthias meint: „Jedenfalls ist es was mit Eiern. Meine Mutti hat's mir aus dem Elternbrief vorgelesen.“ Es handelt sich tatsächlich um Eier. Das Tuch wird hochgehoben.

„Eier, Eier“, rufen die Kinder.
Erzieherin: „Das sind Eier!“
Anja: „Na klar, das sieht man doch. Eier sind weiß“.
Eva: „Stimmt nicht, manche sind auch gefleckt“.
Anja: „Jedenfalls sind es Eier vom Huhn. Das weiß ich, die hat meine Mutter auch daheim.“

Erzieherin nimmt ein Ei heraus und nimmt es in die Hand.

Mehrere Kinder: „Paß auf, du darfst nicht drücken, sonst geht es kaputt!“

Erzieherin: „Eier müssen doch kaputtgehen, sonst kann man ja das Eiweiß und den Dotter nicht herausholen."

Jonas: „Aber wenn ein Ei kaputt ist, dann darf man es nicht mehr aufheben, es wird stinkig."

Erzieherin: „Wir sollten mal versuchen, ein Ei kaputt zu machen."

Wolfi (ein mongoloider Junge von 7 Jahren: „Oh ich will!"

Er nimmt das Ei, schlägt es fachgerecht am Schüsselrand an und bricht das Ei dann auseinander.

Er erschrickt, als das Ei bricht, und zerquetscht es regelrecht. Eiweiß und Dotter vermischen sich, dazwischen sind Stückchen der Eierschale.

Anja: „Ich hol die Stückchen raus!" Sie überlegt. „Bei meiner Mami daheim ist der Dotter aber immer rund. Das kann ich nicht verstehen!"

Erzieherin schlägt ein Ei vorsichtig auf. Es bleiben zwei Schalenhälften, in denen das Eiweiß und der ganze Dotter schwimmt.

Eva: „Der Dotter schwimmt im Eiweiß!"

Martina: „Warum heißt das statt Eiweiß nicht Eidurchsichtig? Man sieht doch den Teller noch durch."

Die Erzieherin verspricht, dies später zu klären.

Matthias ist aufgestanden und nimmt eine Gabel. Vorsichtig macht er sich an den Dotter heran. Er ritzt vorsichtig mit dem Gabelzinken und verletzt die Haut um den Dotter, der ganz langsam ausfließt. Die Kinder verfolgen diesen Vorgang mit Spannung.

Heiko: „Mensch, um den Dotter ist eine Haut!"

Jonas: „Damit die Mutter das Ei zweierlei machen kann. Einmal nur das Eiweiß und das andere Mal nur den Eidotter. Das braucht sie nämlich zum Backen".

Erzieherin: „Was machen wir nun mit den zwei Eiern?"

Kinder: „Rühreier, Rühreier!"

Erzieherin stellt die Eier zur Seite, nimmt scheinbar ganz zufällig eine Eierschale in die Hand betratet sie eingehend. Die Kinder tun es ihr nach.

Frank: „Da ist noch eine Haut. Sie ist ganz nah an der Schale."

Erzieherin: „Sie will auch das Eiinnere schützen."

Martina: „Na klar, wenn das Ei mal einen Sprung hat. Sonst läuft es nämlich aus."

Die Gruppe faßt zusammen: Das Ei hat eine Schale, darunter eine weiße Haut, ein Eiweiß und einen Dotter mit einer dünnen Haut.

Die Beschäftigung wird noch folgendermaßen fortgesetzt:

Die Kinder sprechen über die Form des Eies, rollen es über den Tisch und gewinnen staunend die Erkenntnis, daß ein Ei nicht wegrollen kann; es dreht sich im Kreis, bzw. rollt in Schlangenlinien.

Martina erklärt dies folgendermaßen: „Das ist doch, weil es auf einer Seite dicker ist, und da ist das Ei viel schwerer."

Es folgen dann Kochversuche mit Eiern – und viele Geschmacksproben: Rührei, Spiegelei, Schaumeier, Eischnee, Eigelb mit Zucker ...

Das Beispiel zeigt, wie wichtig es ist, einen Stoff der Aufnahmefähigkeit und den Interessen des Kindes anzupassen, da nur dann vom Kind Wissen auf- und angenommen wird. In ähnlicher Form läßt sich für das Kind jedes Thema aus den verschiedensten Sachbereichen aufarbeiten. Das ist natürlich für den Erzieher anstrengend. Er muß selbst ein sehr umfangreiches Wissen besitzen, darf es aber nicht mitteilen. Vielmehr muß er still sein und darf Aussagen des Kindes nur ergänzen und dessen Fragen beantworten.

Damit diese Elementarisierung gelingen kann, braucht der Erzieher die Fähigkeiten der Flexibilität und der Spontanität (alles Faktoren der Kreativität). Dann kann er intelligenzfördernd auf das Vorschulkind einwirken.

11 Stein und Lupe

Kindheit wird u. a. vom Sammlertrieb geprägt. Nicht umsonst sind Hosentaschen eine wahre Fundgrube. Da finden sich Federn, kleine Holzstückchen, Silberpapierreste ... und vor allem Steine. Ja, ganz gewöhnliche Steine. Und Steine in den Hosentaschen von Kindern, das paßt nicht so recht in das Erziehungskonzept von Erwachsenen.

Mich fasziniert immer, wie intensiv sich Kinder mit Steinen beschäftigen können. Was sie alles sehen, was sie alles fühlen und sogar am Stein riechen können!

So begann ich selbst, Steine zu sammeln. Nun fällt es mir schwer, einzelne meiner Stücke wegzugeben. Ich kann Kinder jetzt besser verstehen.

Die Idee zu „Stein und Lupe" kam mir in einem Winterurlaub auf einer Nordseeinsel.

Ich wanderte am Strand entlang. Das Wasser schwappte über die Steine – und sie veränderten ihre Farbe. Aus tristen, grauen, gleichmäßigen Steinen wurden „Buntsteine", leuchtend gelbe „Bernsteine" (leider war es dann im trockenen Zustand kein echter). Auch bekamen die Steine herrliche Muster.

Ich sammelte sie in meiner Manteltasche. Daheim war ich enttäuscht; Steinmonotonie: Mehr war nicht geblieben.

So experimentierte ich unter dem Wasserhahn, gemeinsam mit Kindern. War das ein Erlebnis: Die Steine wurden lebendig! Die Kinder trockneten die Steine in der Sonne, auf der Heizung oder in ihren warmen Händen, dann wurden sie wieder naß gemacht, und die Freude und das Staunen setzte von neuem ein. Jeder durfte natürlich einen dieser zauberhaften „Buntsteine" mitnehmen.

An einem Tag kam mir die Idee, dieses wunderbare Spiel im Rahmen einer Fortbildung für Erzieher einzusetzen und sie zu motivieren, den kleinen unscheinbaren Stein als Objekt für Sinnesübungen auszuwählen. So kam es zu „Stein und Lupe".

Im Spielwarenhandel erstand ich 50 ganz einfache Plastiklupen. Eine Schüssel mit Steinen wurde bereitgestellt.

Die Veranstaltung war entgegen der Ausschreibung (25 Teilnehmer) mit 48 Erzieherinnen besetzt. Es war eng, es mangelte an Material – aber für jeden gab es eine Lupe.

Aufgabenstellung: Wir wollen mit Kinderaugen sehen. Jeder betrachte seinen Stein in trockenem und in nassem Zustand, mit Lupe und ohne Lupe ...

Nach 10 Minuten Einzelarbeit erzählte jeder Teilnehmer seine Beobachtungen vor der gesamten Gruppe. 50 Minuten Stille und Zuhören. Die etwa 25. Berichterstatterin sagte ganz spontan: „Zuerst hab ich mir gedacht, was will sie nur mit dem Stein, da gibt's doch nichts zu sehen. Bei jeder Aussage einer Kollegin habe ich dann meinen Stein aufs neue betrachtet und immer mehr und mehr gesehen. Jetzt habe ich gar keinen gewöhnlichen Stein mehr. Er ist etwas besonderes!"

Keiner der Teilnehmer hätte vorher erahnen können, was jetzt über die ganz gewöhnlichen Steine berichtet wurde!

Die Lupe eröffnete noch viele weitere Erlebnisse. So sagte eine Teilnehmerin: „Wenn man die Lupe hin- und herbewegt, dann kommt richtig Leben in den Stein! Und der Wassertropfen, wie ein tiefer See! Wenn ich die Lupe auf- und abbewege, sieht der Stein aus wie aufgequollener Hefeteig."

Wie bei allen Beispielen gilt:
Ausprobieren, selbst sehen und erleben !!

Und hoffentlich haben Sie viele Lupen in Ihrer Einrichtung, ganz einfache, billige. Die Kinder müssen sie alleine benutzen dürfen, einfach so im Freispiel, und auch mit ins Freie nehmen können.

Als nächstes brauchen die Kinder dann Bleistifte, und es werden Zeichnungen entstehen wie diese ...

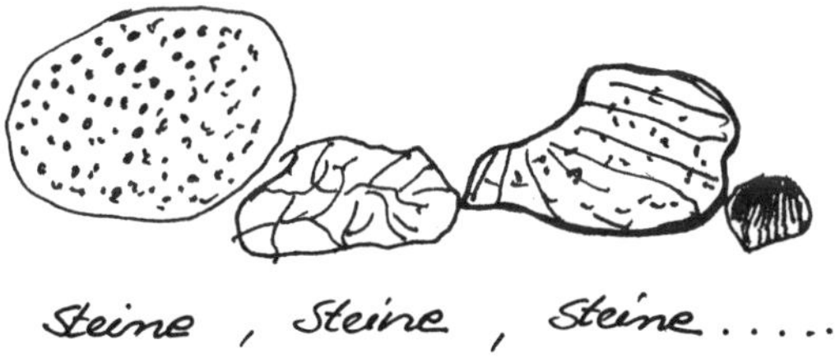

12 Kinderkonferenz

Sprechen mit Kindern, ist das auch Sinnesschulung? Was, wieviel und worüber kann und darf man mit Kindern reden?

Diese Fragen stellen sich immer wieder. Kinder sind sensibel für Wahrnehmungen und damit auch für ganz verschiedenartige Gespräche. Beides wird um so intensiver, je mehr wir die kognitive Förderung zu Gunsten der Sinnesschulung verlassen.

Die Kinderkonferenz bietet eine Möglichkeit, über Verhaltenswahrnehmungen der Kinder untereinander sowie über Probleme der Kinder wie auch der Erwachsenen zu sprechen.

Wir sollten uns bewußt sein, daß Kinder gerade im Verhaltensbereich mehr wahrnehmen, als wir erahnen. Dazu zwei Praxisbeispiele.

Erstes Beispiel: Es klingelte an der Türe des Kindergartens. Ich war ärgerlich, denn es war das dritte Mal an diesem Vormittag, daß ich von den Kindern weggerufen wurde. Ziemlich unfreundlich sagte ich der Dame an der Türe, sie möchte doch zur angesetzten Sprechstunde wiederkommen. Ein Kind hatte mich kritisch beobachtet. Auf dem Weg zurück in den Gruppenraum sagte M.: „Gell, du warst ärgerlich. Die Frau darf uns nicht stören!“ Es klingelte noch einmal an diesem Vormittag. Das Kind M. war schneller als ich. Ich hörte die Stimme von M.: „Wir haben jetzt keine Zeit. Sie können uns jetzt nicht stören!“ Die Tür fiel ins Schloß. M. sagte zu mir: „Ich hab' gesagt, daß wir jetzt keine Zeit haben und nicht gestört werden wollen.“ Ich antwortete nichts. Über die Situation dachte ich noch lange nach.

Zweites Beispiel: K. besuchte unseren Kindergarten nun schon beinahe ein halbes Jahr. K. war vorher in einem sehr elitären

Kindergarten gewesen. Weil sie dort als nicht mehr tragbar galt, wurde den Eltern nahegelegt, K. abzumelden und eine Erziehungsberatungsstelle aufzusuchen. Diese verwies die Eltern an unsere Einrichtung. Nach einem ausführlichen Aufnahmegespräch und zwei Spielnachmittagen mit K. wurde K. aufgenommen.

Trotz all ihrer Bemühungen blieb sie Außenseiter in der Gruppe.

Viele Fähigkeiten von K. wurden zwar von den Kindern anerkannt, aber dennoch kam es nicht zu engeren Beziehungen. K. ging es von Tag zu Tag schlechter.

Aus dem Bereich der Heimerziehung waren mir Kinderkonferenzen bekannt. Natürlich sind dort die Kinder älter als im Kindergarten. Trotzdem beschlossen wir im Erzieherteam, in diesem Fall einen ersten Versuch zu wagen.

An einem Mittwochvormittag setzten wir uns alle in einem großen Kreis zusammen. So konnte jeder jeden sehen. Ich hatte eine Handpuppe mitgebracht, den Felix. Felix war neu in der Gruppe und so noch nicht mit Rollenzuschreibungen verhaftet. Schon seit einiger Zeit hatte er zwar schon im Gruppenraum auf dem Heizungsgitter gesessen. Von den Kindern war er nicht weiter beachtet worden.

Felix stellte sich vor und wünschte sich ein Gespräch mit den Kindern. Diese waren sofort einverstanden. Felix berichtete über all seine Erlebnisse in der Gruppe und spendete zahlreiches Lob. Dann schwieg Felix. Es schien, als würde es ihm schwerfallen, etwas zu sagen.

Und ganz spontan begannen jetzt die Kinder:

- hast du auch gesehen, daß wir jetzt schon viel besser aufräumen?
- ... und auch ein neues Kind ist auch in der Gruppe.
- ui, der P. hat aber den N. ganz schön in den Arm gebissen.

Plötzlich ging K. auf die Handpuppe zu und sagte: „Felix, frag bitte die Kinder, warum sie mich nicht leiden können.“

Mit einem Schlag war es mäuschenstill in der Kindergruppe. Tiefe Betroffenheit war in den Gesichtern der Kinder zu lesen. Für uns Erzieher war das Schweigen ebenfalls kaum zu ertragen. Woher soll man auch wissen, wie man sich in einer derartigen Situation verhalten soll?

Peter war der erste, der auf die Frage von K. reagierte: „Weißt du, du hast immer so blöde Schuhe an und graue Strümpfe.“ –

Es stimmte, mir fiel es auch immer auf, daß K. gar nicht kindgemäß gekleidet war. Ich betrachtete dies bisher als Elternentscheidung. S.: „Und du machst immer so ein ärgerliches Gesicht."

K. hatte zugehört, wobei sie ihr Gesicht in den Händen versteckt hielt. Jetzt stampfte sie auf: „Ich will auch was sagen. Meine Mama kauft immer diese blöden Kleider, ich will sie ja gar nicht. Und, daß ich so schau', das ist, weil mich keiner leiden kann!"

Es schloß sich ein Gespräch an, wie wir K. wohl helfen könnten.

„Du kannst mit ihrer Mutter reden." – „Wir schenken ihr zum Geburtstag einfach eine rote Strumpfhose." – „Ich frag' mal meine Mama, ob ich ihr Kleider schenken darf." – „Aber vielleicht sind ihre Eltern doch ganz arm?" – „Nee, das glaub' ich nicht, die haben nämlich ein tolles Auto."

K. saß erleichtert in der Runde, froh, ihr Problem angesprochen zu haben. Aus der bedrückten K. wurde ein Kind, das sich bald in der Gruppe wohlfühlte. Zum Geburtstag schenkten wir ihr eine rote Strumpfhose, und mit der Mutter gab es nach mehreren Anläufen ein gutes Gespräch.

So wurde die Kinderkonferenz zu einem regelmäßigen Treffen. Auch als die Aufnahme eines behinderten Kindes anstand, wurde mit der Gruppe darüber gesprochen. Ergebnis: „Der W. kommt auf alle Fälle in unseren Kindergarten!"

Überforderung der Kinder? – Pädagogisch vertretbar? – Was sagen die Eltern?

Diese und andere mögen an dieser Stelle Ihre Fragen sein. Ob solche Kindergesprächsrunden im Kindergarten möglich sind oder angestrebt werden sollen, das muß im Einzelfall entschieden werden. Auch hängt es nicht zuletzt von der Art und Weise ab, wie generell der Lebensalltag im Kindergarten gestaltet wird.

13 Gleich und gleich gesellt sich gern – Spiele mit Naturmaterial

Sind wir uns einig darüber, daß entdeckendes Lernen sowie Erfahrungslernen die eigentlichen Lernmethoden für Kinder im Vorschulbereich sind? – Lassen Sie den Kindern auch entsprechende Freiräume? (Jean Paul sagte: Kinder sind wie Uhren, man darf sie nicht nur aufziehen, man muß sie auch gehen lassen.)

Nutzen Sie all die Gegebenheiten aus, die uns die Natur ermöglicht, um die Sinneswahrnehmungen unserer Kinder zu verfeinern? Denken sie ein bißchen darüber nach, dann erst lesen Sie bitte weiter ...

Beispiel: Versuchen Sie das *Blätterspiel* an einem Herbsttag.

Bevor Sie in den Kindergarten gehen, sammeln Sie im Garten bunte Herbstblätter. Es stehen hierzu ja eine Vielfalt von Büschen und Bäumen zur Verfügung.

Sie wollen über die Verschiedenartigkeit der Herbstblätter sprechen, aber sagen Sie es auf keinen Fall den Kindern! Vielmehr geben Sie jedem Kind vor dem Hinausgehen in den Garten ein Blatt mit dem Auftrag, den Baum oder Strauch zu suchen, an dem derartige Blätter wachsen. Die zweite Aufgabe ist, das gleiche Blatt zu finden. Das wird schon schwieriger, denn worauf soll man achten

- die Größe?
- den gleichen Blattrand?
- die gleiche Farbe?

Erinnern Sie sich noch daran, daß ich Sie an einer früheren Stelle in diesem Buch gebeten habe, zu warten, das eigene Wissen zurückzuhalten? (Auch wenn es schwer fällt!)

Deshalb sollten Sie auf Fragen vorerst nicht eingehen. Die Kinder stürzen los zur Bewältigung ihrer beiden Aufträge.

„Hier ist mein Baum, mein Baum“, werden Sie die Stimmen aus allen Ecken des Gartens hören. Sie werden die Richtigkeit des Fundes bestätigen und damit die Kinder zur Lösung der zweiten Aufgabe motivieren.

Schwierig? Kritischer Blick eines Kindes. Dann: „Ich hab's! Ach so ein Mist, das Blatt ist größer, aber es hat die gleichen Zacken am Rand und die Farbe ...“

Wann Sie die Aufgabe abbrechen, das müssen Sie entscheiden.

Was haben die Kinder bei diesem Blätterspiel erfahren?

Es geht zurück in den Gruppenraum oder in einen Gesprächskreis im Garten. Die Kinder berichten:

- „Also, daß die Blätter so verschieden sind, das hätte ich nicht gedacht.“
- „Vom gleichen Baum. Trotzdem sind meine zwei Blätter ganz anders.“
- „Aber im Frühjahr, da hatten sie alle die gleiche Farbe. Da paß ich aber mal auf!“
- „Und alle Blätter von dem Baum haben die gleichen Zacken, aber keins ist wie das andere.“
- „Überhaupt sind alle Blätter, die es auf der Welt gibt verschieden.“

In welcher Beschäftigung hätten Sie diese Inhalte besser vermitteln können? Wie könnte man Kinder besser zum eigenen Tun anregen?

Hier kann ein Leitsatz aus der Montessori-Pädagogik für uns richtungweisend sein: *Hilf mir, es selbst zu tun!*

Und Kinder, die so mit Blättern gespielt und gearbeitet haben, werden keine Lust haben, Arbeitsblätter auszufüllen und „gleiche“ Blätter anzukreuzen. Gleiche Blätter, gibt es die überhaupt?

14 Geschichte und Brauchtum – Kinder für Überlieferungen sensibilisieren

Wie es zu der Entscheidung kam, im Kindergarten eine Bauernhochzeit zu feiern, das weiß heute von den Beteiligten keiner mehr. Dennoch war sie mehr als vier Wochen lang der Inhalt gemeinsamer Planung, Erlebnisse ...

Da die folgenden Bilder mehr aussagen als Geschriebenes, hier nur eine stichpunktartige Zusammenstellung des Ablaufs mit allerlei Gedanken und Ideen:

- Die Kinder berichteten von Hochzeiten, die sie selbst erlebt hatten.
- Sie brachten Hochzeitsphotos ihrer Eltern, Großeltern mit.
- Es gab viele Gespräche.
- Eine Erzieherin berichtete von einer Hochzeit auf einem Schiff.
- Und an einem Tag las ich den Kindern aus einem Brauchtumsbuch über eine Bauernhochzeit vor.

Dann wurde eine Woche lang gearbeitet und vorbereitet, gebastelt, Kostüme aus der Kleiderkiste zusammengestellt, Hut und Stab für den Hochzeitslader gefertigt, der „Kuchelwagen" bereitgestellt, Kuchen nach alten Rezepten gebacken (z. B. Gugelhupf, ausgezogene Küchle – die Kinder zogen sie mit viel Hingabe über ihre Knie) ... usw.
Dann wurde der Hochzeitstag festgelegt.

Es wurde ein wunderschönes Fest. Sie sehen es auf den nachfolgenden Bildern. Mit viel Begeisterung entstand ein kleines Buch über die Bauernhochzeit. Es wurden strahlende Hochzeitsphotos aufgenommen, der Hochzeitszug gebastelt und im Kindergarten ausgestellt.

Die Eltern kamen in Scharen und fragten, warum sie nicht das Fest mitfeiern durften. Dabei war es doch nur ein ganz gewöhnliches Monatsthema mit dem Ziel, Kinder für Bräuche und das Leben unserer Vorfahren zu interessieren und zu sensibilisieren. Es war gelungen.

BAUERNHOCHZEIT

WIR HABEN IM KINDERGARTEN ÜBER VERSCHIEDENE ALTE BRÄUCHE GESPROCHEN. AM MEISTEN HAT UNS EINE HOCHZEIT INTERESSIERT. WIR HABEN DARÜBER GESPROCHEN, DANN HAT DER GANZE KINDERGARTEN EIN ROLLENSPIEL GEMACHT:

MIT HOCHZEITSLADER, BRAUTJUNGFERN, BURSCHEN ZU PFERD, MUSIKANTEN, EINER HOCHZEITSGESELLSCHAFT .....

WIR HABEN VIEL SPAß DARAN GEHABT.

DAS IST EIN BUCH VON DER BAUERNHOCHZEIT.

DER HOCHZEITSLADER LÄDT ALLE LEUTE DES DORFES ZUR HOCHZEIT EIN.

MIT DEM KUCH'LWAGEN WERDEN
DIE MÖBEL, DAS GESCHIRR, DIE KLEIDER..
GEBRACHT.
DER SCHREINER UND DIE SCHNEIDERIN
SITZEN AUP DEM WAGEN. HINTEN IST
NOCHEINE KUH ANGEBUNDEN.

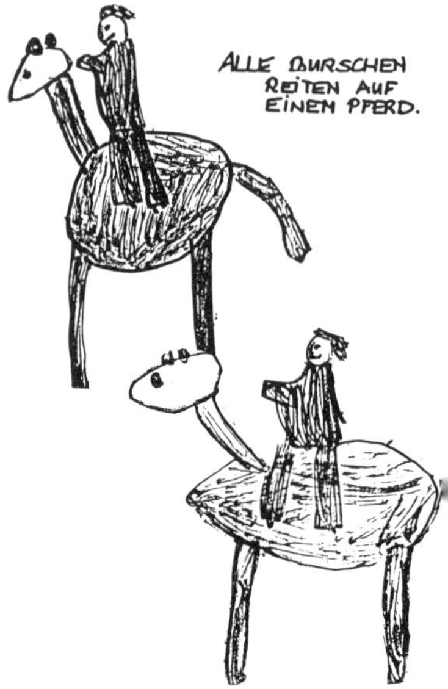
ALLE BURSCHEN
REITEN AUF
EINEM PFERD.

.... ALLE BURSCHEN AUS DEM
DORF

AUCH DER PFARRER REITET
AUF EINEM PFERD.

ES GIBT HEUTE
2 BRAUTPAARE IM DORF.

NACH DER HOCHZEIT
GEHEN ALLE IN EIN GASTHAUS

UND DANN ZUM
HOCHZEITSTANZ.

Dieses kleine Bilderbuch wurde für die Kinder vervielfältigt. So haben sie eine schöne Erinnerung an die Bauernhochzeit.

Dann fertigten wir eine „Auflage" von 200 Stück, die wir bei unser Kindergartenausstellung an Interessierte und Freunde der Kindergartenarbeit verkauften. So war unser nächstes Fest gleich finanziert.

Doch jetzt noch einige der schönsten Hochzeitsphotos und ein Bild zu den Basteleien:

Der Hochzeitslader mit seinem Bänderstab ...

... und die Burschen des Dorfes auf ihren Pferden.

Strahlende Brautpaare!

Bauernhochzeit-
basteleien ...

Aus der Erfahrung mit der Bauernhochzeit heraus wurde dann ein zweites solches Fest geplant, dieses Mal unter Einbeziehung der Eltern: „Kolumbus entdeckt Amerika und bringt der Königin von Spanien die ersten Kartoffeln."

Hierzu ein Bericht aus Kindermund:

Das Schloß der Königin von Spanien

„Die Großen haben sich verkleidet. Sie waren Indianer und Matrosen, einer die Königin von Spanien, einer Kolumbus und halt noch viele andere Leute. Die Königin hat den Kolumbus gerufen. Sie sagte zu Kolumbus: „Du sollst nach Indien fahren und neue Gewürze holen, Pfeffer, Curry ..." Kolumbus ist auf sein Schiff gestiegen. Er hatte eine Seekarte dabei. Auf dem Meer waren hohe Wellen und starker Wind. Da ist das Schiff nicht mehr auf dem richtigen Weg gefahren. Kolumbus ist nach Amerika gekommen, statt nach Indien. Da sah er viele Männer. Er nannte sie Indianer, weil er glaubte, er wäre in Indien. Die Leute und die Indianer rauchten die Friedenspfeife. Kolumbus hat sie nicht geschmeckt, weil es nach verbrannten Schuhsohlen gerochen hat. Die Indianer hatten auf einem Holzfeuer Kartoffeln gekocht. Kolumbus hat sie mit seinen Matrosen auch probiert, wie sie schmeckten. Die Kartoffeln waren sehr gut. Auf seinem Schiff hat Kolumbus viele Säcke voll mitgenommen. Dann ist er wieder nach Spanien gefahren. Im Schloß der Königin stand ein Mann mit einem Fernrohr auf dem Turm. Er hat das Schiff des Kolumbus gesehen. Die Königin hat zuerst geschimpft, weil Kolumbus keine Gewürze mitgebracht hatte. Sie wollte nämlich mal wieder ein Hähnchen mit Pfeffer, Curry und Paprika essen. Dann hat Kolumbus ihr von den Kartoffeln erzählt. Sie hat sie probiert. Weil sie ihr so gut geschmeckt haben, hat sie alle Leute in Spanien zum Kartoffelfest eingeladen. Allen Leuten schmeckten die Kartoffeln – mh mh mh – sehr gut! Später gab es dann auch bei uns Kartoffeln.

Es gibt Bratkartoffeln, Kartoffelbrei, Kartoffelsuppe, gekochte Kartoffeln, Pellkartoffeln, Kartoffelsalat, Kartoffelklöße, Kartoffelpuffer, Kartoffelgemüse ... usw.

Und das allerbeste war, daß die Eltern die Geschichte für uns gespielt haben. Aber trotz Verkleidung haben wir sie erkannt. Und dann haben wir die Kolumbusgeschichte noch ganz oft im Kindergarten gespielt."

Natürlich war im Zusammenhang mit diesem Fest auch ein neues Lied entstanden:

Kartoffeln sind besser als Rüben und Kohl,
sie schmecken den Eltern, den Kindern sowohl.
Kartoffeln, Kartoffeln, die wachsen im Feld,
sie schmecken sehr gut und kosten kaum Geld!

Man kann sie gebrauchen zu Supp' und Salat,
geröstet, gebraten, auf mancherlei Art.
Und fehlt es an Fleischwerk und fehlt es an Schmalz,
dann rutschen sie abgeschält auch durch den Hals!

Beim Blättern in Brauchtumsbüchern finden Sie Ideen und Impulse für viele Jahre. Also: Keine Angst, der Stoff kann Ihnen nie ausgehen! Themen gibt es genug, Sie müssen die Inhalte nur für die Kinder entsprechend elementarisieren. Es braucht also nicht zu den vielfältigen Themenwiederholungen im Kindergarten kommen. So wurde ich von einigen ehemaligen Kindergartenkindern „gerügt“: „Wir haben nicht so tolle Sachen gemacht. Wir haben nicht Bauernhochzeit ... Kolumbus ... Farbfest ... usw. gefeiert.“ – Es waren eben andere Themen aus der großen Fülle.

Nehmen Sie jetzt ein Din-A4-Blatt und beginnen Sie, Ihre Themen einzutragen. Vermerken Sie sich jeweils auch den Monat und das Jahr dazu.

Beispiel:

Thema:	Monat/Jahr:
1. Bauernhochzeit	März 1986
2. Kolumbus entdeckt Amerika	Juli 1986
3. Blätterfest	Oktober 1986
4. ____________________	____________________
5. ____________________	____________________
usw.	

15 Bastelkammer als Kreativ-Schuppen

Rumpelkammer

Was die Großen nicht mehr lieben
oder achtlos von sich schieben,
landet oft zu unserm Jammer
in der dunklen Rumpelkammer.
Alte Hüte, alte Töpfe
und verbeulte Puppenköpfe,
Regenschirme, Reisetaschen
und zerrissene Gamaschen.
Christbaumkugeln, Faschingsnasen
und gesprungne Blumenvasen,
Vogelbauer, Bügeltücher
und verspeckte Bilderbücher.
Was die Großen nicht verstehen
oder achtlos übersehen,
grade das sind oft die Sachen,
die uns Kindern Freude machen.

Aus „Purzelbaum“, Verse für Kinder von Hans Stempel und Martin Ripkens, Verlag Heinrich Ellermann

Wie ist es Ihnen beim Lesen des Gedichtes von der Rumpelkammer ergangen? Konnten Sie einen Bezug zur Sinnesschulung feststellen?

Für uns Erwachsene ist ein Gegenstand oder ein Material nicht mehr brauchbar, weil er nicht mehr seiner ursprünglichen Zweckbestimmung gemäß eingesetzt werden kann. Für das Kind jedoch hat er an Wert nicht verloren, sondern eher gewonnen. Weil die Erwachsenen ihn weggeworfen haben, nicht mehr brauchen, darf es sich endlich frei und voller Phantasie damit beschäftigen.

Jetzt kann das Material erspürt, ertastet, errochen, gesehen werden. Man kann es auseinander nehmen, einfach kaputt machen. Kinder beleben Dinge in ihrer Phantasie, machen sie wertvoll. Ein Stückchen Goldpapier oder eine glitzernde Perle können zu einem wertvollen Schatz werden.

So wird deutlich, daß eine Rumpel- oder Bastelkammer für Kinder besser „Schatzkammer“ genannt werden sollte.

Die meisten Kindergärten verfügen über Materialräume. Wohlgeordnet finden wir dort alles, was die Erzieherin für die Beschäftigungen braucht. Ordnung muß sein. So ist alles bestens sortiert, in großen Schachteln in hohen Regalen verstaut und ordnungsgemäß beschriftet. So kann auch die neue Praktikantin sofort finden, was sie sucht.

Und die Kinder?

Gar zu schnell bringen sie Durcheinander in die „heilige“ Ordnung. Sie erreichen sowieso nur die ersten zwei Fächer in den Regalen. Wie sollen sie Impulse durch die verschiedenen Materialien bekommen – es ist doch alles in den Kartons versteckt?

Was ist dann eine „Schatzkammer“ für Kinder – die übrigens für jeden Kindergarten *unentbehrlich* ist?

- Es ist ein Raum, der für die Kinder frei zugänglich ist.
- Es ist ein Raum, in dem die Kinder alles in Besitz nehmen können.
- Es ist ein Raum, der Kreativität zur Entfaltung bringt.
- Es ist ein Raum, der Kinder zu den verschiedenen Aktivitäten motiviert.
- Es ist ein Raum, der selbst dem phantasielosesten Erzieher Impulse gibt.
- Es ist ein Raum, der die Kinder lehrt, vorausschauend zu planen.
- Es ist ein Raum, der zum Experiment anregt.
- Es muß ein Raum sein, in den sich Erzieher und Kinder auch einmal ungestört zurückziehen können.

Wenn man diesen Raum zur Verfügung hat, so werden Kindern und Erziehern die Ideen nie ausgehen!

Wie kommt man zur „Schatzkammer"? ... indem man sie gemeinsam mit den Kindern einrichtet.

Jeder im Kindergarten ist verantwortlich für die Bereitstellung der „Schätze", d.h., jeder sammelt die verschiedensten Materialien und bringt sie mit. Dann werden sie von den Kindern und Erziehern eingeräumt.

Hier müssen Sie äußerste Geduld haben. Alles wird angefaßt, und am liebsten würden sich die Kinder gleich alle Hosentaschen vollstopfen. Aber, das gehört einfach dazu. Vieles wird besonders reizvoll sein. Deshalb seien Sie nicht zu streng, wenn aus den Hosentaschen kleine Fellstückchen spitzen und ein Kind Ihnen zuflüstert: „... das ist nämlich so kuschelig weich."

Eine Bastelkiste in der Ecke des Gruppenraumes ist übrigens nur ein sehr schlechter Ersatz.

In der Freispielzeit ist die Bastelkammer grundsätzlich zugänglich für die Kinder.

Eine Beobachtung:
Peter ist schon eine Weile in der Bastelkammer. Ich schaue nach ihm. Er steht zwischen den Kisten und Schachteln und überlegt. Als er mich sieht, sagt er: „Ich will nämlich ein Raumschiff basteln. Aber irgendwie fehlt mir da noch eine Pappröhre. Die gibt's einfach nicht, alle zu kurz!" Ich zeige ihm, daß sich zwei kleine Röhren ineinander stecken lassen. Peter strahlt. Er nimmt die Schachtel mit all seinen ausgewählten Materialien mit in den Gruppenraum und baut sein Raumschiff. Was er nicht verbraucht hat, das bringt er später wieder zurück. Am Ende der Freispielzeit kommt er zu mir und zeigt mir sein Werk. Er sagt: „Weißt du, wenn ich nicht weiß, was ich basteln soll, dann gehe ich immer in die Kammer. Und da sind so viele tolle Sachen, da fällt mir immer was ein. Dir auch?"

Ja, mir auch. Und oft beobachte ich auch die Praktikanten, staunend vor all den Schätzen und auch mit einem Stückchen Fell in der Hand. „Darf ich?"

Die Bastelkammer ist unerschöpflich an Materialien für die Sinnesschulung. Ich will mich hier nur auf den Bereich der taktilen Wahrnehmung beschränken.

- *Stoff- und Fellreste:* Unterschiedliche Strukturen können ertastet und zugeordnet werden. In ein Tastsäckchen kommen von verschiedenen Stoffstückchen jeweils zwei. Wer findet sie zusammen? Die Kinder werden sich bald alle ein Tastsäckchen herstellen. Stoff, eine Stopfnadel und Wolle – es wird zusammengenäht und dann gefüllt ...

Ebenso könnte auch ein Tastmemory hergestellt werden. Verschiedene Stoffstückchen werden auf kleine Kartons aufgeklebt ... usw.

Praxisbeispiel: Angeregt durch einen Besuch in einer Einrichtung für blinde Kinder, stellten die Kinder voller Begeisterung ein Tastbilderbuch zur Geschichte von Pippi Langstrumpf her. Sie probierten jedes Material mit geschlossenen Augen aus. Das eine Fell zu weich, Pferdefell sei borstiger. Gefunden. „Aber das Haus, aus Stein, wir können doch nicht Steine in das Buch kleben?“ Am nächsten Tag brachte das Kind eines Tünchnermeisters kleine Muster von verschiedenem Verputz mit. „Ja, das spürt sich an wie ein Haus!“ Die Kinder achteten auch auf die Temperatur der Materialien, was sich kalt oder warm anfühlt.

- *Holzabfälle:* Aus Holzabfällen entwickelten die Kinder das Rauh-Glatt-Spiel. „Bei Glatt ist es gehobelt, bei Rauh ist es gesägt.“ Das erklärte uns der Sohn eines Hobbybastlers.

Sie sind einverstanden, wenn ich hier nicht weiter berichte. Ich würde sonst Gefahr laufen, ein Buch über das Tasten zu schreiben. Kramen Sie in Ihrer Schatzkammer weiter. Was eignet sich noch für die taktile Wahrnehmung?
Und wieder gilt: Die Kinder sollen es selbst entdecken! Fehler gibt es nicht. Es kann nur sein, daß das Kind die Unterschiede noch nicht erfaßt hat. Vielleicht sind sie zu gering?

Gezielte Beschäftigung und der Zusammenhang mit der Bastelkammer: Wir haben in der Ausbildung gelernt, daß wir uns gut vorbereiten müssen. D. h., bei einer geplanten Bastelarbeit legt die Erzieherin alle erforderlichen Materialien bereit, so daß sie nicht mehr weglaufen muß. Sie plant also vorausschauend.

Glauben Sie, daß Sie sich von dieser Gewohnheit einmal lösen könnten? Dies wäre dann eine Möglichkeit, die Kinder an das vorausschauende Planen heranzuführen. Das Thema einer Bastelarbeit steht fest. Im Gespräch wird mit den Kindern erarbeitet, welche Dinge zur Realisierung der Aufgabe nötig sind. Wichtig ist dabei, daß die Kinder ihre Auswahl auch begründen. Eine Abordnung geht mit einem großen Korb in die Bastelkammer, um alles zu holen. Im Gruppenraum gehen wir alles nochmal durch. Noch etwas vergessen? Die Bastelarbeit kann beginnen!

Wann werden Sie Ihre „Schatzkammer" einrichten? Gewähren Sie auch den Eltern Zutritt. So können sie nämlich sehen, was Ihre Kinder alles brauchen können. Auch Eltern werden Phantasie entwickeln.

Sie stoßen bei den Eltern auf Widerstand? All dieses wertlose Zeug, das soll förderlich für die Kinder sein? Im Umgang mit dem wertlosen Material sollen die Kinder etwas lernen und sogar noch auf die Schule vorbereitet werden?

Dann empfehle ich Ihnen die Durchführung eines Elternabends zum Thema: „Spiele aus Nichts".

Im Rahmen dieser Veranstaltung bilden Sie am besten mehrere Gruppen. An einigen Tischen gibt es Spiele der herkömmlichen Art. An weiteren Tischen Materialien aus der Bastelkammer. Halt, es soll nicht gebastelt werden, und es gibt deshalb weder Scheren noch Klebstoff. Lediglich Würfel stehen zur Verfügung. Wissen Sie, wie viele Spiele sich aus den Materialien Ihrer Schatzkammer entwickeln lassen? Sie sind alle einmalig, die Schachteln nach dem Spiel vielleicht nicht mehr zu gebrauchen, aber was macht das schon?

Alleine die Vielfalt der Möglichkeiten, die im Zeitungspapier steckt! Am Anfang werden die Eltern mit etwas Scheu an das „wertlose Zeug" gehen. Aber, vielleicht wird es Ihnen so wie mir gehen, daß Sie die Eltern zu vorgerückter Stunde bitten müssen, doch jetzt aufzuhören.

Ein Vater: „Was in den alten Schachteln und Schnipseln alles steckt. Und sogar mit den abgebrannten Streichhölzern läßt sich noch etwas machen! Jetzt verstehe ich den Sammeltrieb meiner Kinder. Wie einseitig und langweilig sind doch manche Spiele."

Es bleibt die Beantwortung der Frage: Bastelkammer statt Vorschulmappen?

Und so kann eine Bastelkammer aussehen:

Ergebnisse aus der Bastelkammer:

Mann mit Bart.
S.: „Ich hab' die ganzen schwarzen Schnippelchen aufgehoben, vom Boden. Jetzt hab' ich sie dem Mann ins Gesicht geklebt. Das ist ein richtiger Bart. Man kann ihn spüren. Bei gemalt geht das nicht".

16 Malen, malen, malen ...

Das Malen ist aus dem Alltag des Kindergartens nicht wegzudenken. Für viele Kinder ist es die Haupttätigkeit überhaupt. „Kann ich etwas malen", fragt ein Kind, geht zum Schrank, holt sich Papier, Wachsmalkreiden oder Buntstifte. Wasserfarben stehen den Kindergartenkindern während der Freispielzeit recht selten zur Verfügung. Warum? Das Wasser könnte umkippen ... die Farben könnten vermischt werden und viel zu schnell aufgebraucht werden. Und viele Gründe mehr.

Gibt es wirklich keine anderen Mal- oder grafischen Techniken, die sich für diese Altersstufe eignen?

Zuerst wollte ich feststellen, wie differenziert Kinder verschiedene Maltechniken wahrnehmen. Aus diesem Grunde betrachteten wir Dias von Werken berühmter Maler, alle mit Blumenmotiven, aber in ganz verschiedenen Techniken. Es funktionierte. Die spontane Reaktion eines Kindes: „Die malen vielleicht toll. Geht das alles mit Wachskreiden? Mit Buntstiften, das dauert ja ewig bei so großen Bildern!" So beschlossen wir zu überlegen, wie und womit man noch malen könnte und entwickelten einen morphologischen Kasten zum Thema Malen. Die verschiedensten Papiere wurden gesammelt, glatte, rauhe, fasrige, wasserfeste, saugfähige ... Die Kinder brachten auch von daheim eine reiche Auswahl mit.

Daß wir bei dieser Gelegenheit auch über die Herstellung von Papier sprachen und mit Hilfe von Watte, Sägemehl und Kleister Papier selbst schöpften, war klar. Die Kinder waren begeistert! Sie sind ja vielmehr am Ursprung der Dinge interessiert als an den fertigen Produkten.

Soll ich Ihnen kurz aufschreiben, wie man mit Kindergartenkindern Papier schöpfen kann? Sie brauchen dazu dünnflüssigen Kleister, Watte, feines Sägemehl und ein Spritzsieb (Sie kennen die rechteckigen Siebe für die Spritztechnik?). Sie können allerdings auch Fliegengitterdraht auf einen Holzrahmen spannen, denn so kann man auch größere Papiere schöpfen. Kleister, Watte, Sägemehl werden miteinander vermengt und auf das Sieb geschöpft. Der Kleister tropft ab, nach einiger Zeit kann das trockene Blatt abgenommen werden. Sieht aus wie Japanpapier. Daß das den Kindern Spaß macht, ist wohl klar! Und dann wird auf das eigene Papier gemalt. Da braucht man schon eine ganz besondere Technik.

Aber zurück zum Malen. Wir brauchen im Kindergarten auch andere Maltechniken. Wachskreiden, Buntstifte und Wasserfarben in herkömmlicher Verwendung, das reicht nicht aus.

Aber sind die vielen schönen Techniken, die wir uns auf den Bildern großer Meister angeschaut haben, nicht wirklich zu schwer für Kinder? Ich möchte vorschlagen, auch hier von der Methode der Elementarisierung Gebrauch zu machen. Wie geht das?

Sie nehmen ein Buch über gestalterische Techniken und suchen eine Technik aus. Jetzt setzen Sie sich z. B. in der Freispielzeit mit einer kleinen Gruppe von Kindern zusammen und beschäftigen sich mit der Frage, wie man noch anders als in der bisher gewohnten Form malen kann. Sie zeigen den Kindern Ihr Buch. Natürlich können sie noch nicht lesen. So können Sie die Kinder fragen, was „Monotypie auf Glas“ oder „Sandsgraffito“ denn sein könnten. Es wird viel gerätselt, doch kaum das Richtige herausgefunden. So schlagen Sie in Ihrem Buch nach.

Ich wähle hier für Sie zwei Beispiele aus: Hans Meyers, „150 bildnerische Techniken“, Otto Maier Verlag, Ravensburg – Monotypie auf Glas und Sandsgraffito. Beide Techniken sind ideal für den Kindergarten.

Zunächst die Beschreibung, wie sie im Buch steht:

MONOTYPIE AUF GLAS

MATERIAL: Glasplatte; Linoldruckfarbe, evtl. Pinsel (Borstenpinsel) und Gummiwalze; Abzugpapier aller Art (saugendes Papier am besten geeignet auch unbedrucktes Zeitungspapier, Rückseiten von Tapeten).

TECHNIK: (Monotypie = Ein-Abzug) Mit dem Finger, Pinsel oder der Gummiwalze wird Linoldruckfarbe auf eine Glasplatte gegeben. Mit dem Pinselstiel, sonstigen Hölzchen, auch Pappstückchen oder Lappen können helle Stellen wieder herausgehoben werden, dunklere mit dem Pinsel wieder hinzugegeben werden, bis das gemeinte Bild entsteht. Aufgelegtes Papier zieht den einmaligen Druck ab.

Bitte den Text nicht den Kindern vorlesen, nur sagen, was man zu dieser Technik braucht. Die Kinder stellen fest: „Alles, was wir dazu brauchen, das ist ja in unserem Kindergarten“. So wird alles zusammengetragen. Die Kinder wissen, wo sie die Materialien finden können. Die Glasplatte ersetzen wir durch ein Stück Resopal oder spannen Plastikfolie über ein Kartonstück.

Jetzt ist alles da, der Tisch mit Zeitungspapier abgedeckt, die Kinder haben sich unaufgefordert ihre Malkittel übergezogen.

„Und wie geht das jetzt?“ das ist die Frage. Die Kinder zählen aus, wer es zuerst ausprobieren darf. Die übrigen schauen gespannt zu.

Jetzt „lese“ ich – für Kinder umformuliert, also elementarisiert – die Beschreibung vor:

- Wir drücken ein bißchen Druckfarbe auf die Platte.
- Jetzt walzen wir die Farbe auf die Platte.
- Jetzt kratzen wir ein Bild in die Farbe, mit einem Holzstäbchen.
- Jetzt legen wir ein Blatt darauf und streichen vorsichtig darüber.
- Jetzt ziehen wir das Blatt vorsichtig ab. Das Bild ist auf dem Papier. Wir probieren noch einen Abzug, geht nicht mehr so gut, es geht also nur einmal.

Beide Monotypie-Möglichkeiten:

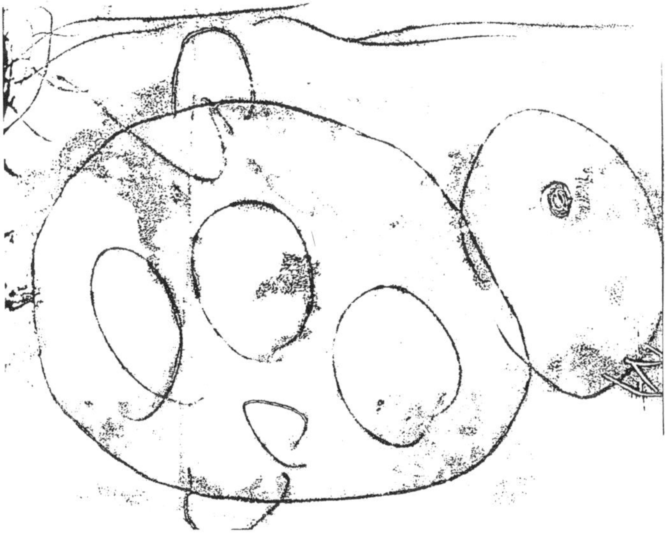

Huhn mit Eiern im Bauch

Peter schlägt vor, die Platte noch einmal einzuwalzen und dann gleich ein Blatt darauf zu legen. Jetzt zeichnet er vorsichtig auf das Papier und zieht es dann ab.

An allen Druckstellen wurde die Farbe auf das Papier übertragen. Kommentar der Kinder: „Mit dem gleichen Zeug kann man zweierlei Bilder machen!“

Jetzt machten sich alle ans Werk. Und die Erfahrungen der Kinder? Zu wenig Farbe …? Zu viel Farbe …? usw.

Nehmen Sie sich die Zeit und schauen Sie zu. Was ist schon, wenn etwas zu viel Farbe verbraucht wird!

Die Neugierde der Kinder ist geweckt. Was steht noch in dem Malbuch? So liegt es an Ihnen, die nächste Technik auszuwählen.

SANDSGRAFFITO

MATERIAL: Sand (Quarzsand o. a.); Pulverfarben; Tapetenkleister (Glutolin); Taschenmesser; Sperrholzplatte (od. dgl.); Holzleisten; mehrere Gefäße (Konservendosen, Schüssel, Eimer).

TECHNIK: Die uralte Technik läßt sich ohne weiteres in die Schulstube übertragen, wenn das Bindemittel für den „Verputz“ (Sand) nicht in Zement oder Kalk, sondern in Tapetenkleister besteht. Dadurch verlängert sich die Abbindezeit erheblich und vereinfacht sich das ganze Verfahren. Dennoch ergibt sich schließlich eine saubere und völlig feste Putzschicht. Wir beginnen mit der Herstellung der transportablen „Form“. Dazu dient uns eine Sperrholzplatte (nicht unter 20 × 20 cm), um die wir einen einfachen Rahmen aus Holzleisten schlagen. Pappe eignet sich nicht, sie wird durch die Feuchtigkeit stark wellig. Hartfaserplatten u. ä. sind dagegen sehr gut verwendbar. Dann geben wir angerührten Kleister in den noch trockenen Sand, so daß ein zäher (nicht zu flüssiger) Brei entsteht (Gefäß). Ebenfalls bereits mit wenig Wasser angerührte Pulverfarbe steht in wenigen Tönen bereit (drei oder zwei, höchstens vier Töne; hellere Leuchtkraft unter Zusatz von Weiß-Lithopon). Wir geben die Farben zu den entsprechenden Mengen Sandbrei und rühren zu gleichmäßiger Gesamtfarbe gut um. Die farbigen Breie werden alsdann in etwa 2 mm dicken Schichten sauber voneinander getrennt übereinander in die Form gestrichen. Die oberste Schicht deckt also die darunter befindlichen Farbschichten zu. Da die Sandkleisterschichten längere Zeit zum Festwerden benötigen, ist Zeit genug vorhanden, um nach dem Bildentwurf die

Farbschichten wieder freizulegen. Es entsteht also in farbig verschiedenen Höhenlagen ein einfaches Bild aus breiteren Flächen und Linien, wobei man schon beim Entwurf den Flächen gegenüber den Linien den Vorzug geben wird. Figürliche Themen („Tiere", „Indianer im Federschmuck"), Stilleben und Ornamentales eignen sich am besten. (Aus dem gleichen Buch wie oben.)

Bei dieser Technik ist es hilfreich, wenn die Kinder es schon gewohnt sind, ihre Fingerfarben selbst herzustellen (Kleister und Farbpulver). So hatte ich im Kindergarten grundsätzlich nur die Grundfarben. Schon die kleineren Kinder wußten bald über die Mischung von Farben Bescheid, denn Grün, Braun … gab es nicht.

Noch eine Variante zu dieser Technik. Sie können mit dem Kleister-Farbe-Sand-Brei auch außerordentlich schöne Bilder malen. „Wenn sie trocken sind, dann ist das wie Wand, so ein bißchen holprig", war der Kommentar von Martin.

Warum diese Art der Einführung in neue Techniken?

Erklären wir den Kindern alles im voraus, lassen wir jeden Arbeitsgang nur in der von uns gewünschten Form zu, geben wir dem Kind alles vor, wie soll es da Erfahrungen machen? Nur was man begreift im Sinne von anfassen (also mit den Sinnen wahrnimmt), das *begreift* man. Man muß Dinge selbst tun dürfen. Und Fehler gibt es im gestalterischen Bereich nicht. Erfahrungen, Experimente, Beobachtungen, Sinneswahrnehmungen, darauf kommt es an.

Je mehr Techniken den Kindern vertraut sind, desto leichter fällt es ihnen, die verschiedenen Themen zu gestalten. Welche neue Maltechniken habe ich ausprobiert? Nehmen Sie wieder ein Din-A4-Blatt und notieren Sie:

Technik	Datum
1. Sandsgraffito	………………
2. Monotypie	………………
3. ________	________
4. ________	________
usw.	

Beispiele für Kleister-Farbe-Sand-Malerei: Sandsgraffito

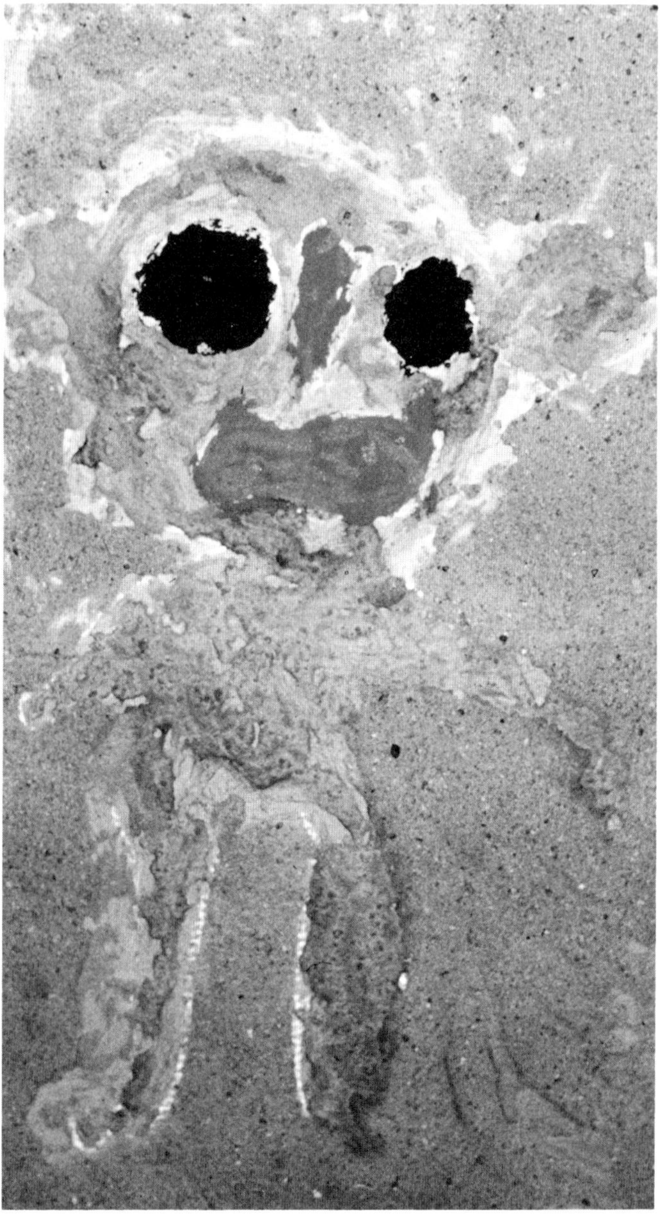

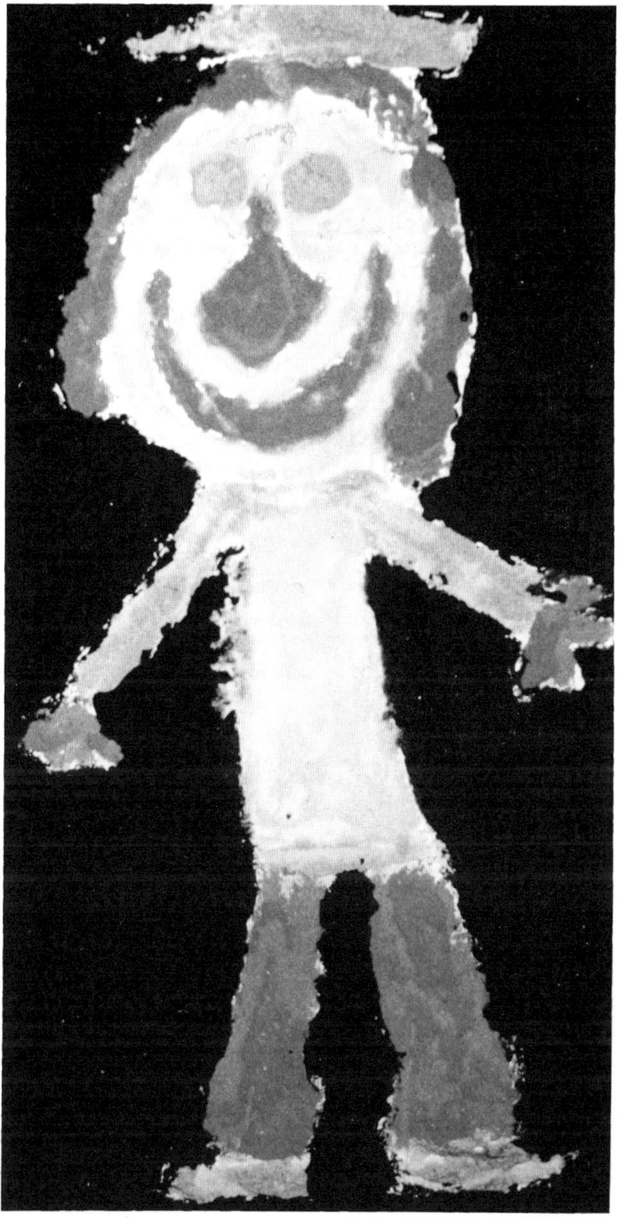

17 Berufsbilder und Sinnesschulung

Berufe, auch ein häufiges Thema im Kindergarten. Kann dieser Bereich auch für die Sinnesschulung eingesetzt werden? Beispielsweise der Besuch beim Schuster, was gibt es da alles zu sehen! Aber kann man in der Werkstatt nicht auch allerhand hören, riechen und tasten?

Vielleicht gehen Sie mit den Kindern ganz gezielt einmal zum Riechen in seine Werkstatt. Man riecht den Kleber, das Leder, die Schuhwichse ...

Man hört den Schuster klopfen. Einmal geht es ganz flott hintereinander, dann scheint es schwieriger, er klopft wohl immer auf denselben Nagel. Und jetzt, jetzt hat er daneben geschlagen, mit dem eisernen Hammer auf den eisernen Dreifuß.

Und verschiedenartige Nägel hat er. Manche sind aus Metall – da ist eine Hand voll ganz schön schwer –, andere sind aus Holz und leicht. Kurze, lange, dicke, dünne, stumpfe, spitze, viele Sorten!

Sicher ist es interessant, zuzusehen, wie der Schuster arbeitet. Dennoch kann man auch andere Schwerpunkte für den Besuch in seiner Werkstatt setzen. Vielleicht darf man auch von den verschiedenen Nägeln einige mitnehmen, ebenso kleine Lederabfälle ... usw.

So lassen sich viele Berufe im Rahmen der Sinnesschulung regelrecht „erschnuppern“, ertasten.

Einige Berufe mit ihren typischen Merkmalen sind hier von Kinderhand zeichnerisch festgehalten. Es kam der Hinweis: „Es ist ganz schön blöd, daß man keine Riechbilder malen kann. Seh-Bilder, das geht. Spür-Bilder, das geht auch. Mh.“

Schuster

Köchin

Beim Tüncher, da riecht es so herrlich nach Farbe. Dann bekommt man dort schöne bunte Tapetenreste und Farbmuster.

Tierhändler

18 Ich und andere

An früherer Stelle berichtete ich Ihnen von Verhaltenswahrnehmungen der Kinder. Sie beobachten so gründlich, so genau. Sie lesen in den Gesichtern der anderen, denken nach, reagieren oder beobachten vielleicht weiter, noch unschlüssig, wie sie sich verhalten sollen.

Wir besorgten Spiegelpappe und schnitten für jedes Kind einen Spiegel zurecht. Wir wählten Spiegelpappe, weil sich der Spiegel verbiegen läßt. Er ermöglicht breite und lange Gesichter. Lange Gesichter haben wir, wenn wir traurig, unglücklich, unzufrieden sind. Wenn wir aus vollem Herzen lachen und fröhlich sind, so zieht sich unser Gesicht ein bißchen in die Breite.

Kinder hatten so die Gelegenheit, ihre Mimik selbst einmal zu beobachten. Es war aufschlußreich, die Aktivitäten der Kinder zu verfolgen.

Einige der Großen hatten die Idee, sich selbst zu portraitieren. Hier zwei Ergebnisse:

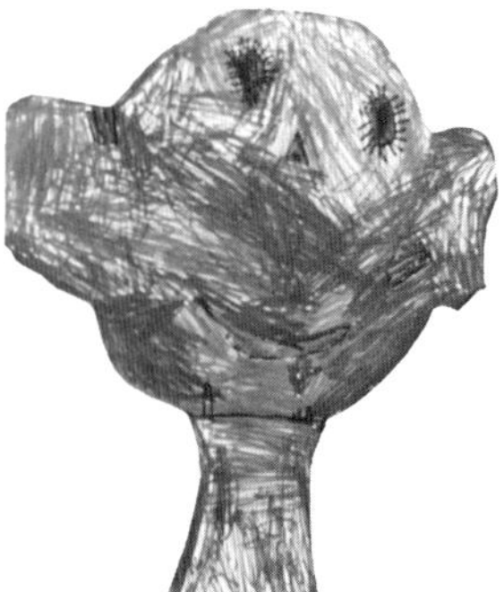

Gesichter bildeten noch lange Zeit das Thema. Hier noch weitere Beispiele.

Je besser die Kinder gelernt haben, vor allem, je länger sie Zeit gehabt haben für eigene Wahrnehmungen, desto besser können sie beobachten, auf andere eingehen, aber auch ihr eigenes Verhalten besser einschätzen.

So findet Sinnesschulung auch im Umgang mit der eigenen Person und in der Beziehung mit anderen statt.

Kindergartenkinder sind keineswegs zu klein oder zu unverständig für solche Beobachtungen und Gespräche, denken Sie z. B. an die Kinderkonferenz (vgl. S. 92 ff.).

Wir Erwachsenen sollten mehr Mut zum Gespräch mit dem Kind haben, zu einen Partnergespräch, nicht als „Lehrer“ oder Erwachsener, der alles besser weiß. Vergessen Sie nicht, es läßt sich alles elementarisieren. Wir müssen den richtigen Ton mit den Kindern und den Anschluß an ihre Interessen finden.

> Können Sie jetzt verstehen, warum Sinnesschulung den Vorschulmappen auf alle Fälle vorzuziehen ist? Mit der Sinnesschulung erreichen wir das Kind als Person, als Ganzes. Es kommt zu einer ganzheitlichen Förderung, bei der auf die Eigenheiten und den individuellen Entwicklungsstand des Kindes eingegangen werden kann.

So kann dieses Buch eigentlich gar kein Ende finden. Sinnesschulung hat Platz in allen Lebensbereichen und in allen Themen.

So haben Sie auf den nächsten freien Seiten Raum für Ihre eigenen Eintragungen …

Schlußgedanken

„Alle großen Leute sind einmal Kinder gewesen (aber keiner erinnert sich daran)". So endet das Vorwort beim Kleinen Prinzen. Ich wähle diesen Satz als Anfang für meine Schlußgedanken.

Ja, wir Erwachsenen zählen zu den vergeßlichsten Lebewesen. Wir können uns nicht mehr daran erinnern,

- daß wir gerne durch die Pfützen gestapft sind,
- daß wir so gerne mit Matsche gespielt haben,
- daß wir gar zu gerne den Finger in die Teigschüssel steckten,
- daß die Kirschen aus Nachbars Garten am besten schmeckten,
- daß unsere Hosentaschen überquollen mit lauter „Schätzen",
- daß der Sammlertrieb unsere ausgeprägteste Neigung war,
- daß wir alles anfassen wollten und wenn möglich auseinander nehmen,
- daß …

Wollen wir Kindheit wirklich reduzieren auf das Betrachten von Bilderbüchern, auf Arbeitsblätter, weil es uns zu arbeitsaufwendig ist, den Kindern die Natur erfahrbar zu machen?

Ich hoffe, daß es mir bis zum Ende dieses Buches gelungen ist, Ihnen deutlich zu machen, daß Sinneserfahrungen den Schwerpunkt im kindlichen Lernen bilden müssen. Kinder lernen von uns Erwachsenen, aber wir sollten auch von den Kindern lernen:
MIT KINDERAUGEN ZU SEHEN!
Jetzt bleibt nur noch Ihre eigene Entscheidung zu treffen:
SINNESSCHULUNG ODER VORSCHULMAPPEN?

Anhang

Hier finden Sie einen Ausschnitt aus der Erzählung von Manfred Hausmann, „Martin“: Er will etwas begreifen. Auf Seite 13 dieses Buches wird darauf verwiesen.

Aus „Martin“ von Manfred Hausmann, Sigbert Mohn Verlag.

Er will etwas begreifen

„Du mußt gaanz schnell kommen“, sagt Martin aufgeregt zum Vater, der gerade dabei ist, die Himbeerruten festzubinden. „Wie ich da an mein Beet gearbeitet habe, da rauschte es so inner Luft, und mit einem Male saß ein Rabe neben mir aufer Erde und guckte mir an, ein richtiger, lebendiger Rabe, ganz dicht bei mir. Ich konnte ihm sogar Petersilie zu essen geben. Leider hat er mir ein bißchen in'n Finger gebissen. Willst du ihn mal ansehen?“

Natürlich will der Vater sich diesen „Raben“ ansehen. Sie laufen nach Martins Beet. Der „Rabe“ hat sich inzwischen auf den Wasserleitungskran geschwungen und legt, wie die beiden herankommen, den Kopf ein wenig schief, um sie besser ins Auge fassen zu können. Offensichtlich hat er nicht die geringste Furcht. In seinem Blick glitzert sogar eine gewisse spöttische Frechheit.

„Du Martin“, sagt der Vater, „das ist aber kein Rabe, das ist eine Dohle. Ein Rabe ist etwas größer und plumper. Und dann diese hellblauen Augenringe, beim Raben sind sie braun“.

„Jaha?“ sagt Martin.

„Sie scheint sogar ziemlich zahm zu sein. Merkwürdig, hier im Dorf hält sich doch niemand eine zahme Dohle, soweit ich weiß.“

„Soll ich ihr mal anfassen?“

„Aber wenn sie dich nun in den Finger hackt?“

„Du kannst ihr ja sagen, daß ich ihr nur mal anfassen will.“

„Hoffentlich versteht sie's auch!'– Hören Sie mal, dieser kleine Junge tut Ihnen nichts. Er will nur mal ganz leise über Ihren Rücken streichen. Ob er das wohl darf?“

Da macht die Dohle ihren Schnabel auf und sagt: „Jakok! Roinkonge!“

Dann sieht sie den Vater wieder an, als wäre nichts geschehen. Martin weicht unwillkürlich zwei Schritte zurück. Was ist denn das? Ein Vogel, der richtige Menschenworte aussprechen kann! Das geht doch nicht mit rechten Dingen zu.

„Sie hat was gesagt! Du, sie hat ja was gesagt!“

„Ja, manche Dohlen können sprechen.“

„Was hat sie denn gesagt?“

„Hast du das nicht verstanden? Sie hat gesagt: ‚Jakob, reinkommen!‘ “

„Jaha? Sie soll mal noch mehr sagen.“

„Wollen's mal probieren: Ach, würden Sie wohl so freundlich sein und uns noch ein bißchen was erzählen?“

Aber die Dohle richtet nur, wie Martin sich wieder etwas näher an sie heranwagt, ihre Augen mit einem kleinen Ruck auf ihn. Im übrigen bleibt sie stumm.

„Soll ich ihr nun anfassen oder nicht?“ fragt Martin.

„Warum willst du sie eigentlich unbedingt anfassen? Ich fürchte, sie fliegt dann weg.“

„Das ist so schön. Ich weiß auch nicht. Wenn ich ihr anfasse, denn kenne ich ihr erst richtig.“

Da wird dem Vater plötzlich etwas klar. Martins Worte haben ihn gleichsam um Jahrtausende zurückversetzt und ihn die Kindheit der Sprache erleben lassen. Nur das, was der Mensch der Urzeit anfassen konnte, war ihm „faßlich“.

Nur was er betasten, begreifen konnte, „begriff“ er. Was für eine sinnenhafte Kraft und Anschaulichkeit das Wort „begreifen“ durch Martins Verlangen mit einem Male für den Vater gewonnen hat! Darum also wollen Kinder immer alles anfassen, eben weil sie es „fassen“ wollen. Und darum will Martin jetzt die Dohle „begreifen“. Kinder haben offenbar noch denselben Trieb und Instinkt wie die Urmenschen. Sie eignen sich die Umwelt nicht mit ihrem Verstand, sondern mit ihren Sinnen, mit ihrem Fleisch und Blut an. „Wenn ich ihr anfasse, dann kenne ich ihr erst richtig.“ Ja, das ist es! Man müßte viel mehr, als man es gemeinhin tut, auf die Sinnfälligkeit und Weisheit der Sprache achten.

Martin hat sich inzwischen mit halb erhobener Hand Schrittchen für Schrittchen an die Dohle herangeschoben. Sie rührt sich noch immer nicht.

Aber nun kommt etwas Grämliches in ihren Blick. Und wie Martin sich niederhockt und seinen Zeigefinger ausstreckt, um ihn von der Seite auf ihr Gefieder zu legen, schüttelt sie plötzlich mit einer schlenkernden Bewegung den Kopf.

„Auaah!“ ruft Martin und fährt zurück. Sein Finger blutet.

Die Dohle sagt aufgeregt „Jakok! Jakok!“ und schwingt sich, die Flügel ausbreitend, mit einem wippenden Abstoß in die Luft. Erst taumelt sie etwas, dann fliegt sie davon, schneller und schneller, weit davon, bis sie im Dunst, der über dem Moor liegt, verschwindet.

Martin schleudert das Blut von seinem Finger auf die Erde: „Die is aber eklig.“

„Nämlich, Martin“, sagt der Vater, „wenn man etwas begreifen will auf dieser Welt, dann muß man meistens dafür leiden. Zeig deinen Finger mal her! Na, sie hat dich aber ganz schön gehackt.“

„Warum will sie denn nich, daß ich ihr anfasse?“

„Weil sie denkt, du wolltest ihr etwas tun.“

„Aber ich will ihr doch nur streicheln.“

„Ja, du. Aber andere tun ihr etwas.“

„Versteht sie denn nich, was du sagst?

„Wahrscheinlich nicht.“

„Aber sie kann doch sprechen.“

„Ach, Martin, sprechen ... Die Menschen können auch sprechen, und verstehen sich doch nicht. Sieh, und jetzt bis du es, der das nicht versteht.“

„Ne“, sagt Martin.

Literatur

Ammon Günter, Gruppendynamik der Kreativität, München 1974

Bayerische Schule – Zeitschrift des BLLV Wissenschaft und Praxis, Heft 4/5 1973

Busemann Adolf, Psychologie der Intelligenzdefekte, München 1959

Corell Werner, Programmiertes Lernen und schöpferisches Denken, München 1966

Dietrich Theo, Die pädagogische Bewegung vom Kinde aus, Bad Heilbrunn 1972

Heinelt Gottfried, Kreative Lehrer – kreative Schüler, Wuppertal 1971

Hundertmarck Gisela / Ulshoefer Helgard, Kleinkinderziehung, München 1972

Halacy D. S., Geheimnis Intelligenz, Gütersloh 1972

Das neue Lexikon der Pädagogik, Herder, Freiburg 1972

Kleines Lexikon der Pädagogik und Didaktik, Donauwörth 1970

*Massialas B. E. / Zevin J.,*Kreativität im Unterricht, Stuttgart 1969

Lahrmann Leonhard, Phantasie und elementares Lernen, Paderborn 1972

Osborn Alex F., Applied Imagination, 1963

Schröder Hartwig, Probleme der Intelligenzuntersuchung in der Schule, Donauwörth 1964

Strang Ruth, Helping your child develop his potentials, New York 1965

Sikora Joachim / Meyer Ernst, Handbuch der Kreativmethoden, Heidelberg 1976

Schiffler Horst, Fragen zur Kreativität – Workshop Schulpädagogik, Ravensburg 1976

Ulmann Gisela, Kreativitätsforschung, Gütersloh 1973

Weber Erich, Der Erziehungs- und Bildungsbegriff im 20. Jahrhundert, Bad Heilbrunn 1971

Wollschläger Gunter, Kreativität und Gesellschaft, Wuppertal 1971